梁の武帝

仏教王朝の悲劇

森三樹三郎

JN095339

法蔵館文庫

本書は一九五六年七月十五日に平楽寺書店より〈サーラ叢書〉として刊行された。文庫化に当たり、明らかな誤植等は編集部の判断で改めたところがある。

目次

一　序　説……7
二　六朝時代の性格……11
三　武帝の生立ち……29
四　武帝の政治……47
五　梁代の文化と武帝の教養……83
六　武帝と仏教……127
七　梁の滅亡——侯景の乱——……161
あとがき　199

参考文献略　203
南朝世系表　205
南朝年表　206
解説　船山徹　209

梁の武帝　仏教王朝の悲劇

一　序　説

梁の武帝は、古今に稀な仏教の篤信者として有名な天子であり、その仏教への傾倒ぶりは、ついに亡国の運命を招いたとまでいわれた人である。その故に、仏教者の側からは皇帝菩薩として崇められながらも、他方では仏教に好感を持たぬ人々から、手きびしい非難の声を浴びなければならなかった。この事実だけを取り上げてみても、梁の武帝は歴史的な興味をそそるに十分な人物であるかも知れない。しかし、ここに梁の武帝を問題にしようとするのは、必ずしもそのような挿話的な事件に対する興味からだけではなく、もう少し広い歴史的な視野からである。

従来、梁の武帝は仏教の溺信者という一面だけが強調されて来たために、その人物の全貌が見失われるという嫌いがないではなかった。実を言えば、武帝は六朝人の典型ともいうべき人物なのであって、その仏教への傾倒ぶりということも、六朝人一般がもつ傾向を、帝王の規模において表現したまでのことなのである。帝王なればこそ、人の目にもつきやすく、問題も大きくなったのであるが、もし武帝が一介の士人として終っていたとすれば、その仏教信仰の事実も、或は列伝中の数行の記事となる程度であったかも知れない。それほどに六朝という時代は、仏教信仰が一般の知識階級の精神生活に浸潤していたのである。

武帝は、その豊かな教養の内容においても、またその精神の方向においても、六朝の知識人――士大夫の典型であったことを示している。このことは、武帝が時代の子であったことを、とりわけ時代の動きに敏感な人物であったことを物語るものであろう。けれども武帝は、単なる時代の子であるというだけには止まらなかった。天子という、世にも稀な地位を与えられた結果として、武帝は常に梁代文化人の先頭に立ち、そしてまたその保護者としての偉大な足跡を残した。まことに梁朝五十年の治世は、南朝文化の黄金時代と呼ぶにふさわしいものであったが、この盛世の出現は武帝個人の力に負うところが少くなかった。もし武帝が現われなかったとすれば、梁朝の絢爛たる文化は生れなかったであろうし、南朝文化もその特色を十分に発揮する機会を失っていたことであろう。この意味では、まさしく武帝は梁朝文化の育ての親である。この時代の子にして、同時に時代の父であるという二重の性格は、武帝をして南朝文化の象徴と呼ぶにふさわしいものにさせる。ここでは、武帝を借りて時代を語り、また逆に時代を借りて武帝を語ることが許されるであろう。

しかし、この小論のいま一つの意図は、そうした時代の問題、歴史の問題を越えて、一般に仏教が現実の世界に対して、どのような関係に置かれているかを見極めたい、という希望に結びついている。周知のように、梁の武帝は仏教国家の建設を念願としたと言ってよいほど、仏教に傾倒した。しかも不幸にして、梁朝は侯景という一蛮将の侵入によって、あえなくも滅亡の運命に陥り、武帝自らも一室に幽閉されたまま、ついに餓死したといわれる。この亡国の悲運は、果して排仏論者の言うように、仏教への溺信が招いた結果なのであろうか。もしその通りであるとすれば、仏教は亡国の宗教であるという批評を甘受しなければならないことになる。或はまた、それは仏教だけに限らず、一般に宗教というものが、現実の国家を指導する原理としては不適当であることを示すものであろうか。もしそうだとすれば、神のものは神に帰し、カイゼルのものはカイゼルに帰せということは、ひとり宗教者の立場からだけでなく、政治家の側からも主張されなければならぬ事実となるであろう。宗教と政治、永遠と現実とは、ついに交わらざる平行線なのであろうか。むろん、かような大きな問題が、このような小論によって解決することは望まれないにしても、少くとも問題の所在を提示することができれば、一応の使命は果されたといえよう。

二　六朝時代の性格

武帝が何よりも時代の子であり、典型的な六朝文化人であったことは、さきに述べた通りである。従って、武帝を理解するためには、まず六朝という時代の性格を知ることが必要になってくる。

六朝、正しくは魏晋南北朝（二二〇―五八一）という時代は、永い中国の歴史においても甚だ異色に富む時代である。一口にいって、六朝は文学・芸術・宗教が始めて独立の地位を獲得し、めざましい展開を遂げた時代である。真正の意味での文学史や宗教史は六朝に始まるといってよいほど、この時代が文化史に占める地位は重要である。この六朝の時代的性格を鮮明にするためには、これに先立つ漢代の性格を説明し、これと対立させることによって、類型的に把握するのが便利な方法であろう。

漢代（前二〇六―二一九）は、六朝が文芸・宗教の時代であったのに対して、いわば政治の時代であったということができる。その意味では、漢代もまた極めて重要な時代である。中国の国家組織の基礎は、すでに漢代において確立していたと言ってもよく、学者によっては漢代以後の中国社会には本質的な変化がないという説をなすものがあるほどである。特に漢代において、儒教が国教的な地位を与えられ、国政を運用する精神的原理とされたことは、その後の中国文化の発展に決定的な影響を及ぼすことになった。

しかしながら他方では、漢代の文化は著しい偏向をもっていることを注意する必要がある。それは、政治が圧倒的な優位を占めている結果として、他の文化の分野である哲学・宗教・文学・芸術などが犠牲になり、萎縮してしまっていることである。例えば文学について見ても、むろん漢代にも優れた文学作品がなかったわけではないが、しかしそれは勧善懲悪という儒教の束縛を脱することができず、文学としての独立の意識に乏しいものであった。そのため宮廷に召抱えられた詩人なども、揚雄が告白しているように、俳優なみの待遇に甘んじなければならなかった。また絵画や彫刻の方面においても、たとえ職人的熟練による名作があったにしても、それは装飾品として作られたものであって、芸術作品としての意識に欠けたものであった。そのため、漢代には一人の画家、一人の彫刻家の名さえも伝わっていない有様である。

宗教に至っては、さらに惨澹たる状態にあった。漢代には、宗教の名に価するものは、ほとんど存在しないといってよい有様であった。わずかに神仙術といったものが行われていたが、それとても天子とか、極く一部の士大夫によって信奉されていたに過ぎない。むろん儒教には、祖先崇拝といった宗教的要素があり、これがわずかに宗教の代用を勤めていたのであるが、しかし全体としての儒教精神は、治国平天下という政治的・社会的な方向を取るものであるために、個人を対象とする救済宗教とはなり得ないものであった。一言にしていえば、漢代人は無宗教に近い立場にあったのである。

そしてこの無宗教という事実こそ、何にもまして漢代文化の政治性を明らさまに示すものである。政治の立場からは、往々にして宗教はアヘンだという批評が行われるが、立場を換えて宗教の側からいえば、逆に政治こそ宗教にとってのアヘンだ、と言えなくはない。なぜならば、政治的現実を人生のすべてと見る立場においては、永遠の世界などは関心の外に置かれざるを得ないからである。また政治の立場にあっては、常に国家社会といった集団が問題になるのであって、魂の救いといった個人的な問題は、気の弱い人間の暇つぶしぐらいにしか考えられない。人間の関心は、同時に両方面に働くことは困難なのであろうか。強い政治的関心は、多くの場合、宗教的な無関心を伴うものである。漢代人の場合が、まさしくそれであった。いわば漢代人は政治に酔える人であったのである。

この漢代の政治への偏向を端的に示すものは、儒教精神の圧倒的支配という事実である。儒教は、漢の武帝が国家公認の学問としてより以来、急速に知識階級の間に拡まっていった。何よりも官吏―士大夫になるためには儒学を修めなければならぬという制度が、儒教精神の普及に役立ったのである。ところで儒教は、修身斉家という、いわば私生活の道徳を基本的なものとして尊重するのであるが、同時にそれは治国平天下という政治的な理想に、不可分に結びついている。そこでは政治に結びつかぬ道徳というものは存在しない。政治への関心は、儒教精神の本質をなすものである。ことに漢代のように、国家権力の上昇期にある時代に遭遇すると、儒教の政治的性格はいよいよ強められ、すべてを治国平天下という至上目的に向かって集中するという傾向が見られる。文学が勧善懲悪の具とされたり、個人の救済を目的とする宗教の出現が阻まれて、その代りに帝王を神秘化する讖緯《しんい》説が流行するといった現象は、すべてこの傾向のあらわれである。一口にいえば、文化のあらゆる分野が、儒教精神の統一支配を受けているのである。この意味において、漢代の儒教は、あたかもヨーロッパ中世においてキリスト教が演じた役割に似たものを持つ、ということができる。ただヨーロッパでは宗教の権威が一切を支配したのに対して、漢代では政治が一切を支配したという違いがあるだけである。

もし漢代のような政治万能の時代が、そのまま一直線に、明清の時代まで続いていたとするならば、恐らく中国の文化は極めて単調なものとなり、無味乾燥なものになっていたかも知れない。幸いにも六朝という、漢代とは全く類型の異なった時代が訪れたために、中国の文化も多様性と深さとを与えられることになった。

それでは、なぜこのような時代の変化が現われたのであるか。その原因は漢代の社会そのものの内部にあった。漢代の国家構成は、上に一人の絶対的な権力をもつ天子があり、その下に官僚、いわゆる士大夫があって、これが庶民を直接治める、といった形をとっていた。これは西洋でいうところの絶対主義官僚国家の型態に近いものである。ところで、この士大夫はいろいろな特性を持っている。その第一は、士大夫が文化を独占するという傾向が強いことである。中国では、漢代の昔から清朝に至るまで、政治家階級である士大夫が知識階級・文化人であり、逆に知識人・文化人といえば必ず士大夫・官吏を意味する、という原則が支配した。これはインドにおいて僧侶階級の婆羅門が宗教・文化を担当し、政治家階級の刹帝利が政治を担当するという、一種の分業が行われていたのとは、よい対照をなしている。従って中国では官吏たる士大夫が文化を独占する結果として、インドの場合と異なり、その文化が本質的に政治的なものとなる傾向がある。特に漢代のように、大帝国統一の機運が盛な時代においては、士大夫の官僚的性格が一層濃厚になり、政治万能の文化を生み出したわけである。

ところが、後漢（二五—二二〇）になると、極めて徐々ながら漢代社会の内部に変化が生じ始めた。それは、本来官僚であるところの士大夫が、次第に貴族化する傾向を示してきたことである。元来、漢代の士大夫の身分は一代限りのものであって、世襲的なものではなかった。一種の高等文官試験、もしくは地方官の推薦によって、官吏に任命されるのが原則であったから、その身分の取得の機会は、少くとも原則的には一般の庶民にも開放されていた。しかし、その官吏登用制度は、宋代以後のように完備したものではなかったから、そこに情実の入りこむ隙が少からずあった。その情実が重なると、官吏の子がまた官吏に推薦されるという傾向が著しくなった。つまり士大夫の身分が世襲化し、固定化してきたのである。士大夫の身分の固定化は、必然的にその中央や地方における政治的勢力を増大させることになる。また中国では、官吏を三年勤めれば子孫が三代遊んで食える、といわれるほど官吏の収入は莫大なものであるから、いわんや数代にわたって高官を出せば、その経済的な蓄積も尨大なものとなるのは当然である。結局、後漢の末期になると、士大夫の身分が固定化し、政治的にも経済的にも甚だ有力なものになったのであって、一口にいえば士大夫が貴族化したのである。

六朝文化の時代的特色は、何よりもこの士大夫の貴族化という事実に負うことが大きい。官吏としての漢代士大夫は、王朝に忠誠を尽し、国政に寄与することを念願とし、またそれによって高官に達することを人生の理想とした。かような生活の理想の結果として生れたのが漢代の政治的文化であった。そこでは文学も芸術も、また宗教も、すべて政治に奉仕すべきものであった。ところが貴族化した六朝の士大夫は、生れながらにして高い地位を保証されているのであるから、漢代人のような政治的野心もなければ、王朝に対する忠誠心にも乏しい。人間としての生きがいは、そうした国家社会という集団の立場よりも、むしろ個人の生活のうちに見出すべきである、といった考え方が支配的になった。かような人生観の転換が、個人を場とする文芸・宗教の隆盛を促がすことになったのである。

この六朝士大夫の政治よりの離脱、個人への回帰を、端的に示すものとして、老荘思想の流行がある。これは特に六朝の初期、いわゆる魏晋時代（二二〇―四一九）において著しく現われている現象である。元来、老荘思想は儒家思想に対する反動として現われたものであって、儒家が人為的な道徳・政治を尊重するのに対して、老荘は無為自然を尊重し、道徳的には天真なることを、政治的には自由放任を主張する。かような思想が、自由人としての喜びを知った六朝人に歓迎されたのは当然のことであろう。竹林の七賢によって代表される清談家は、いずれも思想的には老荘を根拠としていたのであった。それは、従来名分の思想に捕われ、臣子の枠のうちに閉じこめられていた士大夫を解放して、人間として、自由人としての生きる道を示すという役割を果した。ただ魏晋時代の老荘思想は、経済的に恵まれた貴族生活と結びついた結果、往々にして頽廃的な享楽主義に結びつき、老荘の無為無欲の生活には程遠いものとなる場合が少くなかった。

魏晋はまた文学独立の時代である。儒教の勧善懲悪主義の束縛を振りすてて、文学・文章そのものに独自の価値を見出すといった傾向は、すでに後漢末の建安七子においても認められる。その建安七子のよきパトロンであった魏の文帝は、その典論において「蓋し文章は経国の大業にして不朽の盛事なり。年寿は時ありて尽き、栄楽はその身に止まるのみ。二者は必至の常期あり。未だ文章の無窮なるに若かず」と述べている。文章を経国に結びつけているところに、なお不徹底のうらみがないではないが、文学を永遠のものとして高く評価する点において、文学独立の宣言たるにふさわしいものを持っている。これによって文学は、俳優の雑技と区別され、始めて士大夫の芸術たる資格を獲得したのである。

魏晋の文学は、思想的には老荘を支柱とし、題材としては自然の美を選んだ。特に自然美の発見は、魏晋文学を特徴づけるものとして、甚だ重大な意味をもつものである。一般に、人間性の発見と、自然美の発見とは、密接結びついている。なぜならば、人間としての感性の豊かさを通じてのみ、自然の美は現われるからである。イタリア・ルネサンスの場合が、やはりそうであった。山水文学、山水画が魏晋に始まるということは、魏晋が文芸独立の時代であるとともに、また人間性発見の時代であったことを、雄弁に物語るものである。もちろん、このことは魏晋以前の文学に、自然が全く姿を現わしていないというのではない。詩経にも、楚辞にも、或は漢代の文賦においても、それぞれに自然の美は描かれている。けれども、そこでは自然は背景として現われているだけで、自然そのものが主題とはならなかった。たとえば漢の司馬相如の賦にも山水の描写はあるが、しかしそれは此の世のものならぬ怪神奇物の棲む世界であった。しかも、或はそれ故に、その山水の描写は多く空想に頼っているかに見える。ところが同じ賦家でも、晋の左思の三都賦などになると、明らかに性質の違ったものになっている。この賦が一たび現われるや、洛陽の紙価を高からしむという言葉の出典となるほどに、歓迎され伝写された。その流行の主要な理由は、それが写実的であり、山水風物が如実に描かれているところにあった。皇甫《こうほ》謐《ひつ》は三都賦に序して、「司馬相如の徒は、非方の物を中域に寄せ、異類を虚張し、有を無に託する過ちを犯している。然るに三都賦に詠ぜられた風物は、地図を開いて比較することができ、その制度文物は文献と照し合わせて験することができる」と述べている。地図を開いて比較できるほどの写実的な山水風物の描写が、三都賦を流行させた理由であった。この自然美の発見と、思想的には老荘を基調とすることとが、魏晋文学の特徴であって、その行きつくところは、東晋の大詩人陶淵明によって示されている。

　魏晋は文学独立の時代であるとともに、また美術の、特に絵画の、芸術として独立した時代であった。魏晋以前の美術品は、それが如何に優れたものであったとしても、工人の手工業的熟練の結果として生れたものであり、装飾という意識はあるにしても、芸術という意識はなかった。士大夫自らが芸術の道に従うことは、魏晋以来のことである。絵画における顧愷之《こがいし》、書における王羲之《おうぎし》父子、彫刻における戴逵《たいき》父子など、いずれも中国芸術史の巻頭を飾る巨匠ならざるはない。しかもこれらの芸術家が、ほとんど例外なく当時一流の貴族であったところに、魏晋時代の特色がある。書はしばらく別としても、絵画や彫刻は六芸の中に入らず、士大夫の教養の外におかれていたものであった。それが一躍して、士大夫の最高の教養のうちに数えられるようになったことは、何としても目ざましい事実と言わねばならない。

さらに重要なことは、魏晋の貴族が、単に一技一芸に秀いでているばかりでなく、甚だ多方面な才能に恵まれていることである。魏の君主曹操は、文武両道に通じ、軍旅に過した三十年間においても、その手に書を離さず、夜は経伝を思い、昼は武策を講じ、高きに登れば必ず賦し、新詩を得る毎に管絃の伴奏をさせたが、みな楽章を成したという。その草書は張芝・張旭の兄弟に次ぎ、その音楽は、桓譚《かんたん》・蔡邕《さいよう》に、囲棋は山子道・王九真と、才能を等しくしたといわれる（博物志）。竹林七賢の一人嵆康《けいこう》なども、文章鼓琴書画に巧みであったが、この程度のものは魏晋時代としては決して珍しいものではない。東晋の戴逵などは、若い頃から博学で談論を好み、文章をよくし、鼓琴に長じ、書画に巧みで、その余の工芸の通ぜざるものなく（本伝）、さらに仏像の彫刻や鋳造にさえ名を成したのであった（歴代名画記）。かような多芸多才な性格は、魏晋の士大夫が人間的に極めて豊富であったことを物語るものである。

ここに至って、我々はこの時代の生んだ人間の新しい型、「文人」の概念を問題にしなければならない。文人という言葉そのものは古くからあり、詩経や書経にも見えているが、これは毛伝が解釈しているように「文徳の人」といった意味のものであろう。従って、これは後世の文人の概念と直接に結びつくものではない。文人が、多方面な趣味をもった人間という意味になるのは、やはり魏晋からである。ただし、その萌芽となるものは、すでに後漢の時代に見られるのであって、王充はその著の論衡において、人間の類型を俗人・儒生・通人・鴻儒・文人に分ち、各々の特徴を述べている。この場合の文人とは、単に文章を綴るだけでなく、造論著説をよくするもの、自己の創作的な意見を文章として発表しうるものを意味する。それは儒生のように専ら古経を誦し、故文を綴るものとは、格段の相違がある。従って王充は文人を高く評価し、「文錦の惜むべきを知りて、文人の尊ぶべきを知らざるは、類に通ぜざるものなり」と断言している。けれども、王充のいう文人は、上書奏記や論説の文をなし得る人間であり、「文人の筆は、善を勧め、悪を懲らす」べきものであった。そこでは文人の政治的、道徳的な色彩が、なお濃やかである。

ところが魏の文帝の「文人相軽んずること、古より然り」（典論）とか、「古今の文人を観るに、おほむね細行を護らず、能く名節を以て自ら立つもの少し」（魏略）といった用法になると、よほど後世の文人の概念に接近していることがわかる。その文帝から文人の典型として賞せられた徐幹は、その中論に、「芸は徳の枝葉にして、徳は人の根幹なり。この二者は偏行せず、独立せず。木にして枝葉なくんば、その根幹を豊かにすること能はず。故にこれを瘣といふ。人にして芸なくんば、その徳を成すこと能はず。故にこれを野といふ。もし君子たらんと欲すれば、必ずこれを兼ねんか」。「宝玉の山には土木必ず潤ひ、盛徳の士には文芸必ず衆《おお》し」と言い、芸と徳とを兼備することが君子の資格であることを強調している。徐幹は、芸と徳とを兼備したものを君子といったが、この君子こそ実は文人の謂いにほかならないのである。

かようにして魏晋人が理想とする人間の典型「文人」は、単に道徳的に完成しているだけでは十分でなく、文芸の才能を兼ね備えたものでなければならない。これは魏晋以前には見られなかった新しい人間の型である。漢代では、王充も言っているように、士大夫の教養は儒学ひとすじに偏するか、さもなければ能吏型の無教養に陥るのが普通であった。ところが魏晋時代になると、士大夫・官吏は同時に文人としての豊かな教養を備えることを要求せられるようになり、高官はまた最高の教養人でなければならぬといった風潮が生れた。東晋の風流宰相謝安などは、その著しい例である。後世の中国では、官吏即ち文人という公式が持続されるのであるが、その出発点となったのは、魏晋時代であった。

文人が何よりも教養人を意味することは、それが専門的な知識や技術を排斥することにおいて、明瞭に現われている。もともと教養とは、人間性の高さ、豊かさを現わすものであり、いわば実用から離れた知識であり、技能である。一定の目的をもつ知識や技能は、君子のなすべからざるものとして、魏晋人が激しく拒否したものであった。徐幹の中論はこのことを述べて、「事とは有司の職なり、道とは君子の業なり。先王が芸を賤みしは、蓋し有司を賤めるなり。君子、これを兼ぬれば則ち貴し」といい、顔氏家訓は雑芸の重要性を認めながらも、「然れども、以て兼明すべく、以て専業とすべからず」と説いている。君子の芸は、素人芸であるところに価値があるのであって、もし一定の目的をもつ実用に偏すれば、それは甚だ賤むべきものになるというのである。従ってそれは、実用を目的とする専門家の芸とは、厳しく区別されなければならない。多才多芸の典型とされた戴逵《たいき》なども、武陵王が彼の琴を聴くために召した時には、憤然として使者の面前で琴を砕き、「戴安道は王門の伶人たらず」と言い放っている。また東晋の太極殿が落成したとき、その殿牌の揮毫を命ぜられた王献之も、使者に向かい、その殿牌を門外に棄てておけと怒鳴りつけたという（世説）。実用を賤しとすることの裏には、工人に対する身分的な差別観が働いているのは事実であるが、しかしそれだけではない。芸術を本来無目的のものとする立場、いいかえれば教養として扱おうとする立場の現われである。

もっとも教養人の概念は、魏晋時代になって始めて生れたものではない。「君子は器ならず」という論語の立場も、やはり君子の理想を教養人に求めているのである。けれども春秋戦国から秦漢時代にかけては、何としても政治の比重が大きかったために、君子の教養も政治や道徳の範囲に限定されざるを得なかった。魏晋になって政治の比重が減ずるとともに、始めて文学・芸術との間に均衡がとれるようになり、むしろ場合によっては、この方の比重がより大きくなった。全き意味での教養人の概念は、やはり魏晋時代になって生れたといってよい。

かように魏晋時代は、漢代が政治の時代であったのに対して、文学・芸術の時代であったのであるが、また同時に宗教の時代であったと言うことができる。さきに述べたように、漢代人は宗教に対して甚だ冷淡であった。このことは漢代人の仏教に対する態度において、最もよく現われている。

仏教が中国に伝来したのは、魏晋時代から見ると、かなり久しい昔のことである。もし仏教の伝来を後漢の初期（西暦一世紀初期）におく通説に従うならば、それが本格的な弘通を示す東晋初までに、三百年以上の歳月を経ていることになる。しかも、この長年月の間、仏教はほとんど歴史の表面にその姿を現わさないのである。ただ後漢の楚王英や桓帝が、老子とともに浮屠を祭り、さらに後漢末になって、丹陽の人笮融《さくゆう》が、三千人を容れる大浮屠寺を立て、盛大な供養をしたという、断片的な事実が伝えられているだけである。たとえ正史が仏教に関する記事を簡略にする傾きをもつことを考慮に容れるにしても、もし有力な知識人が仏教を信じていたとすれば、これを記事にしないはずはないと考える。やはり高僧伝にも言っているように、仏教が伝来して四百余年になるが、時に蕃王や居士の奉ずる者はあっても、一般には信仰されなかった、というのが真相であろう（道安伝）。

もともと仏教は、前漢の武帝が西域を経略した頃から、次第に伝えられたものと考えられるが、その僧侶はもちろん、信者も大部分は中国に帰化した西域人が占めていたのであろう。中国の民衆が何の程度まで、この西域人の仏教から影響を受けたかは明らかでないが、恐らくそれは微々たるものであったのではあるまいか。このことは、漢代を通じて西域人に限って仏寺の建立を許し、漢人の出家を許さなかったという事実によって、裏づけることができる（晋書仏図澄伝）。楚王英や桓帝が浮屠を祭ったといっても、それは釈迦を単独に崇拝の対象にしたのではなくて、老子と並べていたことを注意しなければならない。ということは、それが純粋の仏教信仰ではなくて、黄老の道に混入した浮屠崇拝であるということである。由来、漢代の黄老信仰は、雑多な民間信仰を寄せ集めて成立したものであるだけに、すこぶる抱擁性に富んだものであった。従って、帰化した西域人の間で崇拝されていた浮屠が、黄老信仰に習合したとしても、不思議ではない。それはあたかも近世において、聖母マリアが頭痛の神様として道教信仰に入りこむのと、似たような事情にあったのであろう。ただ然し、かようにして黄老の道に入りこんだ浮屠は、もはや仏教本来の面目を失い、やがては全く道教化されて、宗教としての独立を失う恐れがある。もし知識人の理解受容がなかったとすれば、すでに漢代において、現在のような道仏混淆の状態に陥っていたかも知れない。

ところで、漢代の知識人は、仏教に対して驚くべきほど冷淡であった。その外来宗教に対する頑固さは、仏教初伝以来二百余年を経ても、ほとんど一人の仏教信者らしいものを出していない事実にも窺われる。楚王英や桓帝は、いうまでもなく帝王の階級に属する者であるが、由来中国の帝王はその生活意識において、知識階級よりも庶民階級のそれに近い一面がある。秦の始皇帝や漢の武帝の神仙信仰などは、その一例である。従って、楚王英や桓帝を、厳密な意味での知識人の階級に入れることは困難である。笮融《さくゆう》に至っては、いわば戦国の風雲児であって、もとより知識人ではない。かように見てくると、仏教は漢代の知識人にとって無縁の存在であったように思われる。その原因は、さきに述べたように、漢代の知識人が政治的現実に余りにも強い関心を持っていた結果として、永遠の問題、人間の運命といった問題に対して無関心であったことにある。もし漢代のような状態、知識人の政治的関心の強烈さと、宗教的な無関心の状態が、そのまま一直線に明清まで連続していたとすれば、仏教が中国の知識人に受容される機会は永久になかったかも知れない。しかも、これは単なる空想ではない。唐の中頃まで、あれほど隆盛を極めた中国仏教が、唐宋以後、ふたたび知識人の政治的関心が上昇するにつれて、後退に後退を重ね、ついには今日の哀れむべき状態に陥っているではないか。漢代の仏教にも、確かにそうした危機があった。

この瀕死の危機にある仏教を救いあげたのは、ほかならぬ魏晋の知識人であった。政治意識からの解放、人生探求への意志が、始めて仏教弘通のための道を開いたのである。南朝宋の文帝はいう、「六経典文は、もと俗を済《すく》ひ治を為すに在り。必ず霊性の真奥を求めんには、あに仏経を以て指南となさざるを得んや」(高僧伝七)。儒教の経典は要するに済俗為治を目的とするものであり、政治的現実に対処する道に過ぎないのであって、「霊性真奥」の要求は、これによって満たすことができないという自覚、この人間性追及の精神が、魏晋人を仏教に導いたのであった。宗炳《そうへい》もいう、「中国の君子は礼義に明らかなれども、人心を知るに闇し。いづくんぞ仏心を知らんや」と(弘明集二)。外面よりは内面を、現実よりは永遠を尊重する精神が、魏晋人をして儒教から仏教へ転向させたのであった。

かようにして東晋以後、仏教は士大夫の間に急速にひろがり、その精神生活における王座の位置を占めるようになった。もっとも全体としての六朝士大夫は、本質的には貴族的な教養人であったために、仏教に対する場合においても、それを教養の一部として、いわば風流仏教のかたちにおいて、受け容れるという傾きがないではなかった。そのために六朝士大夫の仏教は、清談仏教であったとか、或は形の荘麗のみを追う伽藍仏教であった、といった批評が見受けられる。それは確かに事実であるが、しかしそれはあくまでも楯の一面にしか過ぎない。六朝の士大夫のうちには、仏教に生死を託するという、真摯な信仰の持主も、また必ずしも乏しくはなかったのである。梁の武帝は、まさしく後者を代表する人物であった。

ところで、以上は六朝時代のうち、主としてその前半期にあたる魏晋時代の大勢について述べた。梁の武帝について語るためには、後半期に属する南北朝時代について述べることが必要である。しかしそれは、武帝に関連を持たせながらにする方が適当であろう。

三　武帝の生立ち

梁の武帝、蕭衍《しょうえん》は、南朝宋の孝武帝の大明八年（四六四）、秣陵県同夏里の三橋宅に生れた。この地は、いまの南京の附近にあった。その当時、父の蕭順之が、どのような身分であったかは明らかでないが、後の経歴から考えると、恐らく中堅級の官吏ではなかったかと思われる。

ところで、蕭衍の本籍は蘭陵の中都里にあり、いわゆる「蘭陵の蕭氏」の一族であった。このことは蕭衍の社会的地位を決定する上に、すこぶる重要な意味を持つ事実である。というのは、さきにも述べたように、六朝時代は士大夫の身分が貴族化し世襲化した時代であって、家柄の上下が、その人間の社会的地位や、官吏としての栄達の限度を決定するのが普通になっていたからである。当時、南朝随一の名族といえば、いわゆる王謝、すなわち琅邪の王氏と陳郡の謝氏とがあったが、これに次ぐ名門もまた少くはなかった。これらの名門に比べると、蘭陵の蕭氏は、寒門ではないにしても、それほど高い家柄であるとはいえない。もっとも梁書によると、その先祖は漢の宰相蕭何であるということになっているが、これは信用しがたい。有名人を先祖に持出して、家柄を少しでも高く見せようとするのが、当時の一般的な風潮であったからである。現に南史の斉本紀の論では、顔師古の考証に従って、蕭何を蘭陵の蕭氏の祖先とする説を否定している。その先祖代々の官歴を通観して判定すれば、当時の家柄としては、まず中の下くらいの所であろうか。衣冠の家としては、或は水準以下であったかも知れない。というのは、蘭陵の蕭氏一門には、軍功によって官を得ている者が多いからである。そして軍門——軍人の家柄は、尊敬されないのが普通であった。

もし格別の事情がなかったとすれば、或は蕭衍も天子の位に即くといった機会も与えられず、平凡な文人士大夫として生涯を送ったかも知れない。ところが天は蘭陵の蕭氏に味方し、世の常ならぬ幸運を恵んだ。それは、蕭衍の遠い一族たる蕭道成が、はしなくも天子となる機会を摑んだからである。

いったい六朝、もしくは魏晋南北朝と一口に言うが、少しく立入って考察すると、魏晋と南北朝とでは、時代の大勢に相当の変化が認められる。その一々については次第に述べることにして、まず問題となるのは、政治の世界における変遷である。魏晋の政界では、貴族の政治的勢力が強大であって、その上に君臨する天子も貴族的な性格に富み、いわば貴族の利益代表者といった観があった。ことに東晋時代がそうであって、当時「王馬天下を共にす」といった言葉があったほどである。「王」とは琅邪の王氏、「馬」とは東晋の天子たる司馬氏を意味するもので、つまり天下の政治は、王室と貴族との合議制のような形で行われていたわけである。ところが南朝に入り、宋の王室が君臨するとともに、この情勢は一変することになった。というのは宋の王室は、寒門出身の軍人一家であって、家柄はもちろんのこと、教養も学問もない野人であったからである。そしてこの軍人王朝の支配は、宋斉梁陳の二百年間にわたり、南朝の伝統になってしまった。なぜ貴族中心の時代に、突如として軍人王朝が出現したかといえば、これは貴族社会にも盲点があったからである。すべての地位や身分が家柄によって決定されていた六朝では、寒門の秀才が社会的に進出することは許されなかったが、ここに唯二つの例外があった。それは軍人と僧侶とである。いかに貴族万能の時代であるとはいえ、一旦戦乱が起れば軍人に頼るほかはない。大きな戦功は、必然的に社会的地位の向上、政治的勢力の増大を約束する。それに南朝では軍人の擡頭する機会、すなわち戦乱が少くなかった。内にあっては政権の争奪が行われ、外にあっては北朝の侵略に対抗しなければならない。ここに貴族ならぬ、軍人の王朝が出現する理由があった。

斉の太祖高皇帝蕭道成は、やはり軍人あがりの色彩の強い天子である。もっとも、その家柄からいえば、前朝の宋の王室ほどひどいものではなく、中流以下ながら仕族・衣冠の族の出身である。けれども、もし軍人としての戦功がなければ、或は下級官吏に甘んじなければならなかったかも知れない身分であった。その蕭道成が天子となる機会を得たのは、前朝宋の末期に起った数々の内乱を平定し、政界に隠然たる勢力を築きあげたことによる。そして建元元年（四七九）、宋の順帝を廃して、自ら皇帝の位に即いた。時に順帝はわずかに十一才、禅譲の何たるかを解せず、出門の時に鼓吹の音楽が奏せられないのを不審がったという。

ところで梁の武帝蕭衍の父蕭順之は、斉の高帝蕭道成の族弟にあたり、幼い頃から親しい交わりがあった。蕭道成が武将として各地に転戦するようになると、蕭順之もその副官となり、至るところで功績を立てた。蕭道成が天子となるとともに、厚遇を受けて侍中・衛尉などの要職を歴任した。間もなく蕭道成、即ち斉の高帝が崩ずると、その子の斉の武帝が位を継ぐことになったが、この天子は蕭順之を忌み憚り、ついに宰相となる機会を与えなかった。それだけではない。斉の武帝は、自分の第四子にあたる魚復侯蕭子響に叛意あることを疑い、その誅滅を蕭順之に命じた。蕭順之はその命令を実行したのであるが、そのあと帝は自分の子を殺したことを悔いて、折りに触れて泣き悲しむことが多かった。もともと帝のお覚えの目出度くない蕭順之としては、全くやりきれない立場に追いこまれたことになる。かくて蕭順之は悶々のうちに病を得て、この世を去っていった。南史によると、のちに梁の武帝が、斉の王位を奪ったのは、父蕭順之の復讎の意味が含まれていたという。事の真偽は確かめがたいが、とにかく梁の武帝の父も、南朝に多い宗室間の暗闘の犠牲者であったわけである。

さて蕭衍は、斉の元功の臣を父にもち、疎遠ながらも王室の一族――宗室の一人となる機会を与えられた。これによって彼は一流の貴族、士大夫となる将来を約束されたわけである。加うるに天資聡明にして博学、文武の才幹あり、若年にして早くも頭角をあらわした。斉の武帝の時、宰相の任にあった琅邪の王倹に請われて、その東閤祭酒に任ぜられた。王倹は当時第一級の名族の人であり、かつ博学の誉れの高かった人物であるが、蕭衍を一見して、「この蕭郎は三十の内に侍中となるべし。その後は、貴きこと言ふべからず」と歎じたといわれる。これは蕭衍が後に天子となることを予言したものであり、或はあとからの附会であるかも知れないが、しかしありうべからざる不自然な話ではない。

青年時代の蕭衍にとって忘れることのできないのは、竟陵王蕭子良の門に遊んだことである。このことは蕭衍の学問教養に根本的な影響を与え、ある意味では彼の生涯の方向を決定したといってよいほどの、重大な事実であった。

竟陵王蕭子良は、斉の武帝の第二子であり、兄の文恵太子とともに、早くより好学の誉れの高かった人である。同時に政治的な識見に富み、しばしば上書して税制その他の改革について意見を述べるところがあった。永明二年（四八四）、父武帝の下に宰相となり、国務に当ることになった。しかし斉の武帝は典型的な専制君主であり、国政の細務の末まで親覧しなければ承知しなかった天子であるから、蕭子良も実際政治には手腕を発揮する余地が少かったであろう。蕭子良の本領は、やはり文化の保護者、文学者のパトロンたるところにあった。蕭子良は天性文学を好み、文才の士を厚く礼して賓客としたので、その王子にして宰相たる地位と相待ち、天下の才学みなここに遊集するという有様になった。元来、魏晋時代から有力貴族の邸宅に文人学者が集まり、文章談論の会合が開かれるのが例になっていたが、南北朝に入ってからは、この竟陵王蕭子良のサロンが最大のものであった。

特に永明五年（四八七）、蕭子良が居を雞籠山の西邸に移してからは、学士を集めて五経百家を抄写せしめたり、また魏の「皇覧」の例に倣って、「四部要略」一千巻を編集せしめるなど、大規模な文化事業が行われた。このとき西邸に集まった文人貴族の中でも、特に呉興の沈約《しんやく》、陳郡の謝朓《しゃちょう》、琅邪の王融、蘭陵の蕭琛《しょうちん》、南陽の范雲、楽安の任昉《じんぼう》、呉郡の陸倕《りくすい》と、これに蕭衍とを合わせた八人は、当時「八友」と呼ばれ、最も重きをなしていた。これらの八友は、その盟主ともいうべき竟陵王蕭子良とともに、いずれも三十才前後の青年貴族であったが、その文学において、またその豊かな教養において、天下第一等の人物と目せられていた人々であった。なかでも沈約は八友の中では先輩格にあたり、その首唱にかかる文章の体は、世に「永明体」と呼ばれ、一世を風靡するに至ったほどである。そしてこの沈約を始めとして、范雲・任昉・陸倕・蕭琛の諸人は、梁の世に入っても盛名を馳せた。まことに永明の八友は、当時の貴族界の花形であったわけである。

かようにして梁の武帝蕭衍は、一介の士大夫の身分のままに、当時第一級の文人貴族として認められることになった。この事実は、梁の武帝が、数多い中国の天子の中でも、非常に珍しい経歴を持った人物であったことを示すものである。というのは、中国の創業の君主は、多くは軍人あがりであって、その教養も低いのが普通であるからである。もっとも中には、魏の曹操や唐の太宗などのように、軍旅の間にありながら、いつの間にか高い教養を身につけている者もないではないが、それとても果して掛け値なしに当代最高の文化人に匹敵しうるものであったかどうか、疑わしいものがある。ところが蕭衍の場合は、宗室とはいえ、一士大夫の身分のままに、第一流の文人として認められていたのであって、かりに彼が天子となる機会を持たなかったとしても、その名を正史に残すに十分な資格を備えていたといえる。即位の後の武帝が、多芸多才を以て称せられたのも不思議ではなく、またそれがいわゆる殿様芸のたぐいでなかったことは明らかであろう。

それはさておいても、竟陵王蕭子良の西邸に遊んだ蕭衍は、その交遊から学ぶところが少くなかったに違いない。殊に年長者でもあり、また当時すでに文豪として盛名を馳せていた沈約からは、文学の上での深い影響を受けたことであろう。しかし、蕭衍の生涯に決定的な方向を与えたのは、むしろ蕭子良その人であったかも知れない。蕭子良は、兄の文恵太子とともに、仏教の篤信者としても知られた人であった。その雞籠山の西邸においては、ひとり文学の士を招いたばかりでなく、同時に名僧を召して仏法を講論させ、経唄の新声を造るなど、仏教学の奨励にも意を用いた。南斉書もこれを批評して、「道俗の盛なること、江左いまだ有らざるところなり」と述べているほどである。また、しばしば邸園において斎戒を営み、朝臣衆僧を大集せしめ、飲食の接待は蕭子良自らこれを行うことがあったので、宰相らしくない振舞いだという、一部の世評を招いたほどであった。けれども他方では、六疾館を立てて窮民を養ったり、江南地方の水害に際しては、倉を開いて賑救することはもちろん、貧病者のためには、邸北に小屋を立ててこれを収容し、衣薬を給するなど、慈善事業に尽すところがあったので、ついには盛名を致したと言われる。のちに梁の武帝が仏教を篤信して、捨身を行うまでに至ったことについては、青年時代における竟陵王蕭子良の影響に負うところが少くはなかったであろう。

ところで竟陵王蕭子良が宰相であった時代、すなわち斉の武帝永明の十余年間は、陰鬱な南朝の政界としては、どちらかといえば小康を得ていた時代であった。元来、南朝の王室は、政治的には非常に独裁的でありながら、しかも社会的・経済的には貴族の既成勢力に依存しなければならぬという矛盾があり、この矛盾がいろいろな形をとって現われてきている。その一つは、南朝の天子は総体に猜疑心が強いことであって、それは単に貴族豪家に対してばかりでなく、自己の同族——宗室に対しても向けられた。宗室殺戮の行われること、南朝ほど甚だしい時代はない。これが南朝をして、政治的な意味での闇黒時代たらしめる、大きな理由である。前朝の宋の王室も、その例外ではなかった。斉の武帝も、やはり軍人王朝の君主らしい気風の持主であり、細務の末に至るまで親しく決裁しなければ承知しないといった能吏肌の天子であった。しかし斉の武帝は、前朝の諸君主に比べれば遥かに聡明であって、みだりに同族を殺すこともなく、また独裁政治に伴いがちな側近者の跋扈も許さなかった。その厳格極まる吏治政治も、乱脈の状態にあった当時の政界にとっては、却って急世の毒薬としての効果をあげるに役立ったともいえる。そこで南斉書良政伝の序にも、「永明の世、十許年中は、百姓に雞鳴犬吠の警なく、都邑の盛なる、士女富逸し、歌声舞節、袨服華粧するもの、桃花緑水の間、秋月春風の下、蓋し百を以て数ふ」と讃美しているほどである。竟陵王の西邸における文人貴族の集まりも、かような治世を背景としていればこそ、可能であったわけである。

しかし、永明の治世も、わずかに十一年にして終った。斉の武帝は崩御に臨み、遺詔して故文恵太子の子鬱林王を帝位に即かせ、竟陵王蕭子良と、武帝の従弟にあたる蕭鸞とに、その輔佐を命じた。しかし蕭子良は元来温厚の君子であり、政治の実際に当ることを好まず、自然に実権は蕭鸞の手に帰することになった。帝位についた鬱林王は時に二十一才、暗愚な遊蕩児であった。即位の前に人に告げていう、「仏法には、福徳ありて帝王の家に生ると言うけれども、自分はそうは思わない。天子はいつも左右の臣下の拘執を受けて、まるで大罪人のようなものである。市辺の商人富児になる方が百倍もよい」と。即位すると、手あたり次第に賞賜を行い、一度に百万銭を散ずることも珍しくなかった。銭を見る毎に、「われ昔時、汝を思ひしが、一文も得ざりき。今、汝を用ふるを得たるや未《いまだ》しや」と告げたという。このため一年も経ないうちに、先帝の儲銭数億は殆んど尽きてしまった。品行の治らぬことはもちろんであったが、その皇后も淫乱なること帝に劣らず、その居所は通夜開放し、男女混雑すという有様であった。

かねて簒奪の志を抱いていた蕭鸞は、事によって帝の不意を襲い、これを自殺させてしまった。鬱林王の在位、わずかに一年である。しかし蕭鸞は直ちに帝位に即かず、鬱林王の弟で、十五才になる海陵王を推戴したが、もとより形だけの天子に過ぎず、実権は一切蕭鸞の手中にあった。あるとき帝は蒸した魚菜の料理を命じたところ、係りの役人は蕭鸞の命令を受けていないという理由で拒絶したという。かくて在位四月、蕭鸞は、帝が幼冲にして政に耐えずという太后の詔により、予定の如く廃立を行い、自ら帝位に即いた。これが斉の明帝であり、時に建武元年（四九四）である。

この簒奪の際に問題になるのは、蕭衍の態度である。梁書本紀では、蕭衍は明帝の定策の功に預るというだけで、具体的には何も述べていないが、南史にはかなり詳細な記事がある。それによると、蕭衍はその父蕭順之が斉の武帝の冷遇を恨みながら死んだことを忘れず、斉武の子孫を傾けることにより、亡父の恥を雪ごうとする志があった。たまたま蕭鸞即ち明帝が輔佐の命を受け、しかも簒奪の意があることを知ってからは、つとめて明帝に接近し、事毎にその簒奪の謀が成功するように援助した、というのである。格別このことを否定するような史料も見えないから、或はそうした事実があったのかも知れない。その間に、蕭衍の官は中書侍郎より黄門侍郎に進み、一路栄達の階程を踏んでいる。

明帝の建武二年（四九五）、蕭衍が武将としても優れた才能を持つことを示す機会が訪れた。それは北魏の南侵である。このとき北魏は一代の英主孝文帝が出で、都を洛陽に遷し、中華に同化する政策を推し進め、国力は充実の極に達していた時であった。たまたま南朝の政変を避けて北魏に奔っていた劉昶《りゅうちょう》・王粛の進言により、南朝討つべしということになり、この二人を将帥として南侵し、司州に攻めよせた。蕭衍は明帝の命を受けて、江州刺史王広らとともに、義陽の地にこれを防ぐことになった。しかし斉軍は北魏の軍勢の盛なのを見て、容易に進もうとしない。ひとり蕭衍のみは精兵を率いて敵陣に迫り、司州城に籠っていた斉軍と内外呼応して攻撃に移った。魏軍は腹背に敵を受け、やむを得ず囲みを解いて退却した。これによって北魏の侵略は阻止されることになった。しかし、越えて建武四年（四九七）、北魏の孝文帝自ら大軍を率いて、ふたたび南征の挙を試みた。天子の親征は、北魏の容易ならぬ決意のほどを示すものである。果して斉軍の旗色悪く、至るところで敗れた。翌建武五年三月、蕭衍は総督崔慧景の下に、進んで鄧城に至ったが、俄かにして北魏の孝文帝の帥いる十余万騎の急襲を受けた。総督の崔慧景は色を失って退却を謀り、蕭衍はこれを止めようとしたが従われず、ついに浮足の立ったところを魏軍に乗ぜられ、大敗を喫してしまった。ひとり蕭衍のみ一軍を帥いて防戦し、敵のひるむ隙を利して自軍を集結し、乗船して引きあげた。このとき崔慧景の軍は殆んど全滅してしまったが、ただ蕭衍の軍だけは全きを得て帰ることができたのである。その結果、蕭衍は戦功を認められて、雍州刺史に任ぜられた。このことは、のちに蕭衍が革命に成功する原因の一つになっている。

この年七月、斉の明帝は在位四年にして崩じ、その子東昏侯蕭宝巻が十六才にして位に即き、年号を永泰（四九八）と改めた。ここに南斉王室の命脈が尽き、貴族社会の支持を失うに至った経過について述べておかねばならない。南朝では、すでに前代の宋から軍人支配の色彩が強く、文人貴族の反感を買っていたのであるが、この斉の明帝、およびその子の東昏侯の世に至っては、それが頂点に達した観がある。明帝は傍系から出て簒奪を行ったくらいの人であるから、吏事に明るく、南朝風の能吏型の天子であり、徹底した専制君主であった。しかも猜疑心が強く、宗室や貴族の非命に斃れるものが、おびただしい数に登った。明帝の頃に、人心は完全に斉室から離れていたのである。しかもその位を継いだ東昏侯は、数多い南朝の悪童天子のなかでも、筆頭に位する人物であった。南朝の天子が、いかにひどいものが多かったかを明らかにするために、その行状の一端を述べてみよう。南朝の少年天子に淫虐な者が多かったのは、軍人王室にありがちな家庭教育の不十分が理由になっている。東昏侯の場合が、やはりそうであった。東昏侯は東宮時代から学問を好まなかったが、父明帝も文学を無用のものと考える人であったので、別段構うことなく放任しておいた。十六才で即位すると、直ちに専権を欲し、父の遺詔を受けて輔佐の任にあった尚書右僕射江祐・始安王蕭遥光・尚書令徐孝嗣などの六貴を、相次いで誅殺してしまった。その後は誰れ憚る者もなく、奔放な生活を始めた。政治についても、士大夫を相手とせず、もっぱら梅蟲児らを始めとする宦官に委ねている。もちろん政務は紊乱を極め、各省よりの上奏文は数十日も棄てておかれ、中には宦官が魚肉の包紙にして家に持ち帰ることもあった。帝は外出を好み、それも深夜に鼓を鳴らして街路に出で、手当り次第に乱暴を働くので、四民みな業を廃し、病人産婦を除いて郊外に避難した。富貴の者は数所に別宅を立て、そのたび毎に居を移して安全を計るという有様である。帝はまた豪奢を好み、しきりに金銀を飾った宮殿を立てたが、その金銀は民間から徴発したり、寺院から掠奪した。もとより苛斂誅求、至らざるはない。かつて池水のほとりに紫閣を造営したが、その諸楼観の壁上には男女私褻の状を描いたという。また常に後宮の閣房を閉じ、他人がこれを開くことを許さなかったため、かつて帝の外遊中に火を発した際には、ついに救出するすべもなく、帝の帰った時には宮女の死するもの相枕すという惨事を起したことがある。一切の政治は側近者や宦官の恣意のままに行われ、いささかでもその意に反する者は直ちに陥れらるという有様であったから、高官に至るまで朝に夕を保たず、人心は全く斉室を去ることになった。

この間、蕭衍が雍州刺史の外任にあったことは、彼にとって誠に幸運なことであった。というのは、一つには都を離れて政治の中心から遠ざかっていたことが、東昏帝の毒牙を逃れる結果になったからである。二つには、雍州が軍事的に重要な地であり、革命を行う地盤を提供したことである。雍州の治所は襄陽にあり、漢江の上流に位し、北朝に対する防備からいっても重要な軍事的拠点であり、有力な軍隊を置くのが普通になっている。もしこの地が敵の手中に入れば、南朝の都建康は重大な脅威の下に置かれることになる。なぜならば、雍州から漢江を下って、現在の漢口に至り、さらに揚子江を下れば、建康に直進することは甚だ容易だからである。上流から下流に進撃する場合には、補給線の確保が容易に行われるために、絶対的な優位に立つことができる。古来、有力な叛乱が揚子江や漢江の上流の地に起りやすいのは、このような理由によるのである。蕭衍が雍州の地に有力な軍隊を擁し、中央の形勢を静かに観望する機会を与えられたことは、まことに天祐によるものであった。

やがて蕭衍の奮起する機会が訪れた。それは崔慧景の叛乱である。東昏帝は猜忌の心深く、斉朝の草創に功のあった宿将大臣を殆んど誅滅してしまったが、ひとり崔慧景のみが残っていた。崔慧景は清河の人、もとより名門の出であるが、斉の創業に少からぬ功績があったために、朝廷の内外に重きをなしていた人物であった。けれども創業の功臣が、東昏帝によって次々と殺されるのを見て自ら安んぜず、寿陽の征討を命ぜられたのを機会に、ついに広陵において謀叛した。各地の諸将、これに応ずる者多く、一気に都建康に攻め入り、東昏帝の命は旦夕に迫った。このとき蕭衍の兄蕭懿《しょうい》は、同じく寿陽の征討を命ぜられて小峴の地に屯していたが、東昏帝の急を聞き、直ちに都に馳せ帰り、崔慧景の叛軍を撃破した。これによって東昏帝は九死に一生を得たので、蕭懿の功を徳とし、尚書令の栄職に任じた。ところが東昏帝の側近者は、蕭懿に実権が移ることを恐れ、東昏帝に簒奪の志ありと讒言した。もちろん東昏帝は、その言を信じた。危険を知った蕭懿の部下が、蕭懿に逃亡を勧めたところ、蕭懿は、「古えより皆死あり、豈に叛走の尚書令あらんや」と答え、その言に従わなかった。やがて尚書省において毒薬を賜り、従容として死についたが、臨終にもなお忠節を忘れず、「家弟（蕭衍）は雍（州）に在り。深く朝廷の為にこれを憂う」と遺言した。かような誠忠の臣は、六朝としては非常に珍しい例に属する。

蕭衍はその兄蕭懿とは異なり、早くより東昏侯打倒の決意を固めていた。兄が東昏帝の難に赴こうとした際にも、急に使者を遣してその不利を説き、たとえ忠節を尽しても必ず報いられないから、むしろ廃立を行って天下の利を謀った方がよい、と勧めた。それにも拘らず、兄蕭懿が東昏帝の命に従い、ついにその毒手に斃れたことを知ると、革命の時いよいよ来るという覚悟を定めた。そこで部下の将士を集めて、その決意を告げると、皆こぞって賛成した。この日、たちまちのうちに甲士万余人、馬千余匹、船三千艘を集め、直ちに進撃の準備を開始した。時に永元二年（五〇〇）十一月であった。

雍州より都の建康に攻め下るためには、漢水と揚子江との合流点より上流に位する要鎮、荊州の江陵を手に入れる必要がある。当時、江陵には東昏帝の弟で、十三才になる南康王蕭宝融が荊州刺史として鎮し、実務はその長史の蕭穎冑が執行していた。そこでます蕭穎冑に説いて、革命の計に賛成させ、これを味方にすることに成功したので、翌永元三年二月、いよいよ雍州の地を進発することになった。この月、その先鋒は早くも漢口に達している。三月、南康王蕭宝融を立てて和帝の号を奉り、年号を中興と改め、東昏帝を廃することを宣言した。これは革命を合法化するために必要な手続である。その後は、東昏帝が派した防衛軍の抵抗を排しつつ、その年の十月には、早くも都の西郊の石頭城に達した。蕭衍は諸軍に命じて、外城の六門を攻めさせたが、東昏帝は門内の営署官府を焼き、士民を駆り立てて、みな宮城内に入らせ、門を閉じて防戦に当らせた。その数は、なお二十万に余るものがあった。そこで蕭衍は改めて持久の策戦を立てることになった。

ところが東昏帝は、前に崔慧景が都に攻め入ったときに簡単に撃破した経験があるので、蕭衍の進攻を聞いても恐れるところなく、籠城のための軍糧も百日分を用意していたに過ぎない。しかも金銭を出し惜んで、賞賜を行わず、却って宮殿を飾るために金銀を取立てる始末なので、城中の衆もみな怨怠し、誰れ一人として帝のために尽そうとする者はなかった。包囲が長びくにつれて、城中はいよいよ戦意を失い、早く敗ければよいという気分が漲るようになったが、ただその口火を切る者がない。そのとき宦官の数人が帝に向かい、「包囲が解けないのは、大臣連中の怠慢によるものであるから、悉く誅すべきである」と進言した。これを聞いた衛尉張稷・北徐州刺史王珍国は大いに恐れ、ひそかに蕭衍に内通するとともに、側近の不平分子と結び、帝の暗殺を計ることになった。十二月丙寅の夜、張稷・王珍国の二人は、兵を帥いて雲龍門より殿に入った。東昏帝は含徳殿において笙歌を終えたあと、寝についたばかりであったが、兵の入るを聞いて、北戸より逃れて後宮に還ろうとした。しかし、すでに門は閉じられていた。宦官の黄泰平という者が帝の膝に斬りつけて地に倒し、張稷の腹心張斉がこれを殺した。時に帝は十九才であった。

やがて蕭衍は宮城に入り、東昏帝の側近および宦官ら四十一人を誅殺したが、余は一切これを赦し、また将士の掠奪を厳禁したので、人心ようやく安定を取りもどした。しかし表面はなお斉の和帝を奉じているので、自らは大司馬・録尚書事・都督中外諸軍事の職についた。禅譲は、もはや時の問題である。翌中興二年四月、斉の宣徳太后の令を借り、和帝の譲りを受けて帝位に即き、天監元年（五〇二）と改元した。その国号を梁と称したのは、大司馬のときに梁公・梁王に封ぜられたのに因んだものである。時に武帝三十九才、ようやく人生の最盛期を迎えたところであった。

四　武帝の政治

梁代五十年が南朝を通じての極盛時代であったこと、そして梁朝が六朝文化の黄金時代であったことは、すでに定評のあるところである。梁書武帝紀には、武帝が人才を尊び、文学を興し、礼楽を修め、版図は南朝の最大を致し、国力は充実の極に達したことを述べて、「魏晋より以降、未だこれあらず」といい、南史の論も、「江左より以来、年二百を踰ゆるも、文物の盛なること、ここに美を独りにす」といっている。この盛代の美は、偶然によって得られたものではなく、梁の武帝の政治の結果として現われたものであった。

梁の武帝は、何よりも寛容仁慈の君主として知られている。その政治は、仁慈の精神を根本として行われたのであった。このことは武帝に好感を持たぬ論者さえ、認めざるを得なかった事実である。その実例は、のちに述べることにしよう。さしあたり必要なことは、仁慈の政治というものが、この時代において如何に稀有のものであったか、そしてまた如何に渇仰されていたものであったかを、明らかにすることである。そのためには、しばらく武帝以前の時代に帰って、南朝宋斉の政治が如何なるものであったかを語らなければならない。

さきに述べたように、六朝は貴族社会の成立した時代であって、政治的支配権は王朝に属するとはいうものの、社会的・経済的には貴族階級の勢力が甚だ強かった。そのため六朝の前半期、魏晋時代においては、王朝は貴族階級の歓心を買うために、つとめて寛容な政治を行った。東西両晋の君主が、一般に寛容を以て称せられたのは、寛容ならざるを得ない社会的理由があったからである。ところが、この風は南朝に入るとともに一変した。宋斉の天子は、いずれも軍人あがりであって、軍人王朝としての性格が甚だ強い。彼等は、両晋の君主のように貴族の歓心を買うことをせず、武断的な専制政治を強行しようという激しい意欲をもっている。南朝に能吏型の天子が多いのは、その一つの現われである。しかも現実においては、貴族階級の無言の抵抗があるために、その武断政治は容易には行われない。しかもその無理を犯して、あくまでも専制主義を押し通そうとするところに、南朝の天子に特有なヒステリー症状が現われる。その結果は、常に狂暴性を帯びた恐怖政治の支配を招いている。

まず南朝の天子が如何に独裁的であったかということを、実例について述べてみよう。宋の太祖武帝は、水飲み百姓の出身で、もっぱら戦功によってその地位を獲得したのであるが、即位の後は、前代の東晋が有力貴族を要地に置いて叛乱を招いたことに鑒みて、京口や荊州などの軍事的要地には、専ら宗室を起用する方針を採った。他人を信用せず、一族のみに頼ろうとする南朝の伝統は、ここに端を発しているわけである。また帝は崩御に際して、有力貴族をさしおいて、寒門の出身者に顧命を託している。これまた寒人寵用の端を開いたものである。君権の強化という現象は、この宋の武帝から判然として現われているのであって、これについては面白い一つの挿話がある。それは旧唐書に見える話であるが、唐の高祖の時に、男子の冠や、婦人の髻が、競って高大になるという流行が生れた。そこで高祖がその原因を令狐《れいこ》徳棻《とくふん》に問うたところ、「冠は人身の上部にあるもので、人君に象るものである。昔、東晋の末には、君弱くして臣強しといった傾向があったが、江南の風俗もそれを反映して、男女とも上衣が小さく下裳が大きい服装が流行した。ところが宋の武帝が即位してからは、君主の威光が尊厳になり、風俗もまた一変した。現在の流行は、君権の上昇を反映するものであろう」という意味の返答をしている。君主権力の強化という現象は、魏晋と南北朝とを分つ、重要な特徴である。

宋の三代孝武帝は甚だ有能な君主であって、読書七行ともに下るといった才能を持つと同時に、雄決愛武、騎射に長ずといった軍人的な性格にも富んでいた。長夜の飲をなして大酔したような時でも、事を奏する者があれば、忽ち粛然として威儀を整え、いささかの酒気も見られぬという有様なので、内外の臣はその神明に服し、弛惰する者がなかったといわれる。また朝政を親覧して、大臣に委ねず、百官の選授や賞罰の大処分は、すべて寒人の戴法興・巣尚之を相談役とし、内外の諸雑事は、同じく寒人の戴明宝に委ねるといった調子で、名ばかりの高官は全く仕事がないといった有様である。したがって宰相の江夏王劉義恭や顔師伯などは、空名を守るのみで、ひたすら戴法興らを恐れ憚ることが甚だしかった。また孝武帝は群臣を狎侮し、その顔形に従って仇名をつけたり、宴会の席上でひどい侮辱を加えたりすることは平気であった。また怒りやすい性質で、常に側近に一崑崙奴を侍らせ、相手が高官でも遠慮なく杖撃させた、という（王玄謨伝）。かような有様であるから、帝の崩御の際に顧命を託せられた侍中柳元景や太宰江夏王劉義恭らは、「今日始めて横死を免れたり」とばかり、お互いに祝いあい、声楽酣酒したという（柳元景伝）。孝武帝の子を廃して即位した明帝は、南朝の天子としては比較的寛仁な方であったが、しかし大臣を信ぜず、寒人を重用するという政策は、厳然としてこれを守った。殊に晩年に神経衰弱気味になってからは、深く迷信に囚われ、臣下の言語文書に、忌み言葉を犯すものがあれば、直ちに誅戮を加え、そうでなくても御機嫌を損ずれば残忍な刑罰を与えるようになったので、宮中兢々として刃を踏む思いをしたといわれる。北魏との戦争で軍費がかさむようになると、内外百官の禄俸を絶ちながら、自らは奢侈を極め、小遣銭を確保するために、宦官に命じて殿内に私銭を埋めさせたりなどしている。もとより苛斂誅求至らざるはなく、民その命に堪えずという有様となり、人心は完全に宋室を去ることになった。

斉の太祖高帝は聡明な君主であったが、在位わずかに三年にして崩じ、その子武帝が位をついだ。帝は剛毅明断、すこぶる吏事に長じ、寒人の茹法亮を駆使して、貴族出身の大臣には政治の実際を委ねなかった。かつて太尉、琅邪の王倹は、「われ大位を有すと雖も、権寄は豈に茹公に及ばんや」と歎じたといわれる。しかも、このように寒人を任使したにも拘らず、帝は彼等が放縦に流れることを断じて許さなかった。かつて彼等の一人、呂文顕が帝側にあって大きな咳ばらいをしたところ、ひどい叱責を受けたことがあるくらいである。従って寒人たちも、帝の威を恐れて従順になり、所管の事柄以外のことには口出しをしなかった。かような専制政治は、時にとっては望ましい場合がないとはいえない。斉武の治世十年間が、いわゆる永明の治として称せられたことは、前に述べた通りである。

傍系から帝位を簒奪した明帝も、また吏才に富み、法を持すること厳にして仮借するところなく、寒人を駆使して不法をなさしめなかったことなど、斉武に似たところの多い天子であった。居処も甚だ質素を極め、かつて太官が蒸菓子を進上したところ、帝はこれに十字を描いて、「一度には食いきれないから、四つに割り、あとは晩食にあてればよい」と命じたという。これはむしろ長所として見られないことはないが、しかし余りにも細事に至るまで親決しなければ承知できない性分であったので、郡県より六署九府に至るまでの事務も、すべて上聞して詔勅の裁決を待たねばならず、人君の職は非常な激務となった（南史鍾嶸伝）。いわば小型の始皇帝のようなもので、当時の文人貴族から嫌悪されたのは当然のことであった。殊に明帝は性格が甚だ陰険で、たびたび大量殺人を敢行した。ここに至っては、専制政治というよりは、むしろ恐怖政治といった方がふさわしい。

南朝の君子の特性の第二は、猜疑心が強く、往々にして大量の殺人を、特に同族の殺戮を行い、陰惨な時代の雰囲気を作り出していることである。

宋斉の天子が猜疑心に富み、宗室の殺戮を行ったことには、やはり理由がある。それは宋斉の王室が軍人的性格をもち、当時の貴族社会からは浮き上った存在であったからである。彼らは、前朝の東晋が有力貴族の叛乱に苦しめられた例に鑑みて、貴族出身者には政治の実権を委ねず、もっぱら寒人を駆使して専制政治を押し通そうとした。もちろん、それだけではなお不安であるから、宗室を起用して重要な政治的地位におき、天子の羽翼たらしめる必要がある。けれども宗室に重権を与えることは、簒奪の危険をはらむを免れない。従って南朝の王室は、一方では貴族社会から遊離し、他方では宗室を重用しながらも絶えず警戒しなければならぬという、苦しいジレンマに追いこまれる。真に信用できるものといえば、自分と、その子ぐらいのものである。南朝の天子は、かような底知れぬ孤独感と闘わねばならない。この孤独感が、南朝の天子を暗い猜疑心の持主とし、時には焦躁に駆り立てて、大量殺人を敢行せしめることになる。

宋の世について見ても、孝武帝の子の二十八人のうち、明帝によって殺されたもの十六人、後廃帝によって殺されたもの十二人、天命を全うしたものは一人もないという有様である。そのうち始平王劉子鸞などは、殺されたとき僅かに十才の少年であったが、死に臨み、「願はくば身また王家に生れざらんことを」と遺言したと伝えられている（孝武十四王伝）。斉の世にも暗殺が多く行われたが、特に明帝の場合が甚だしい。斉の明帝は傍系から入って簒奪を行った関係もあり、かつ先帝の子孫が成人しているのに、自分の子がなお幼いところから、絶えず不安の念に駆られ、ついに大量の殺人を敢行した。明帝の毒手に倒れたものは、高帝の子九人、武帝の子十六人におよび、高帝の子孫及び曾孫三世にして殺さるるもの凡そ二十九人に達し、その他の疎族に至っては、数うるにいとまがないという惨状である。この大量殺人は、およそ三回にわたって行われた。殺人はすべて軍法によって行われ、乳飲み児は乳母に抱かれて刑場に入る。その夜の刑場には、太医が薬を煮て待ち構え、都水が数十の棺材を準備している。しかも仏教信者であった明帝は、殺人を行う直前になると、仏前に香火を焼き、さめざめと涙を流すのが例であったから、臣下はこれによって殺戮を予知することができたという（武十二王伝）。拝んでは殺し、殺しては拝むという、まことに陰惨を極めた話である。

しかし殺戮が同族の内部だけに止まっておれば、まだ問題は少い。ところが宗室の殺戮は、必ずその周囲にも波及して行かねばやまない。諸王と親交があったというだけで、死の運命を共にする文人貴族の数もまた少くなかった。それだけではない。天子は目まぐるしく交代するから、先代の君主に忠節を尽したりすれば、次の代には疎外せられるのは勿論のこと、誅殺の危険すら珍しくない。いな現に寵愛を受けている天子に対してさえ、油断はできぬ。琅邪の王景文は、その妹が宋の明帝の皇后となったので、外戚として信任を受けていたが、明帝は崩御にあたり、大権が外戚の手に移ることを恐れ、「卿にはいろいろ御世話になった。卿の門戸の安全を計るために、この措置に及ぶ次第である」という丁重な手勅とともに、毒薬を賜った。

このような殺戮を行う天子自らも、また平静であり得るはずがない。斉の明帝などは、自分の行動を極端に秘密にし、臣下に対して行幸の目的地を明らかにしたことがなく、身の安全を計るためには、天子にとって大切な南郊の礼さえ行わなかったほどである。死の床に臥したときにも、固くこれを秘密にしたために、誰一人としてその病を知る者もなく、わずかに文簿を通じて台省に白魚を求めたことから、天子不予のことが漏れたという。人を不幸にし、自らをも不幸にしてやまないのが南朝の天子である。

南朝の君主の特徴の第三は、悪童の天子が多いということである。天は南朝に幸いしなかったのであろうか、壮年で天子の位に即いた者は極めて短命に終り、その位を嗣ぐ幼主は必ず童昏の天子であった。宋の前廃帝・後廃帝、斉の鬱林王・東昏侯など、みなその例外でない。かような悪童天子が続出するのは、やはり南朝の王室の家庭教育に重大な欠陥があったことを思わせる。宋斉の二朝は、寒門の軍人あがりであるから、貴族階級のように家庭教育に熱心ではない。いきおい我がまま一杯な子弟を出す可能性がある。このような悪童に、南朝の伝統たる絶対専制の権力を委ねるのであるから、まさに狂人に刃物を持たせる結果となり、幾多の恐慌を呼び起した。

宋の前廃帝は、孝武帝の長子で、十六才にして即位した。即位と同時に、気に食わぬ大臣や近臣を片端から誅殺し、そこまでに至らぬにしても、殿庭で曳きずりまわし、鞭うたれる者数を知らずという有様であった。その姉山陰公主もまたさる者で、駙馬都尉何戢《かしゆう》に降嫁していたが、かつて前廃帝に向かい、「妾と陛下とは、男女の違いこそあれ、ともに先帝の子である。ところが、陛下には六宮の宮女万人があるのに、妾には駙馬《むこ》が一人きりなのは、甚だ不公平ではないか」と告げた。そこで帝は、公主のために面首《おとこめかけ》三十人を置いてやったという。後廃帝が特に憎んだのは、文帝の子で、自分には叔父にあたる湘東王彧《いく》（後の明帝）・建安王休仁・山陽王休祐であった。湘東王は三人のうちで最も肥満していたので、帝はこれを猪《ぶた》王と呼び、木槽の中に飯と雑食とを入れて食わせ、歓笑するようなこともあった。あるとき湘東王が帝の御機嫌を損じたことがあったが、帝は「今日、猪を屠せん」といい、湘東王を裸にして手足を縛り、丸太を通して、人に担がせ、太官に付して料理させようとしたが、建安王のとりなしで危うく救われたという。特にひどいのは、かつて建安王の面前で、左右の臣下に命じ、王の母楊太妃を輪姦させていることである。さすがに左右の者も気の毒に思い、やむを得ず命に従ったのであるが、ひとり右衛将軍の劉道隆だけは、自分の順番になると、歓然として命に従い、醜状の限りを尽した。のちに明帝の簒奪が成功すると、劉道隆は建安王によって殺された。

宋の後廃帝もまた、これに劣らぬ悪童天子である。帝は十一才で即位したが、残虐性に富むだけに、前廃帝よりも一層始末の悪い天子となった。帝は外出を好み、初めは儀衛を従えて宮門を出るのであるが、途中から脱兎のように馳け出すので、儀衛の者も追いつくことができない。街路のすみすみまで足跡の及ばないところはなく、しかも至る所で乱暴を働き、殺戮を恣しいままにし、一日のうち人を殺さねば飯が旨くないといった調子なので、都大路は大恐慌を来し、帝出づと聞けば、人家はすべて戸を閉ざし、道上には行人が絶えるといった有様であった。かつて呉興の沈勃が宝貨に富むことを聞き、その家に押し入って沈勃を斬り殺そうとしたが、沈勃はとうてい免れないことを知るや、いきなり帝の耳をなぐりつけ、「汝の罪は桀紂に越えたり。屠戮せらるること日なけん」と、帝を罵った。帝は遂にこれを殺し、みずからその死体を臠割したという。帝はまた孝武帝の子十二人を殺している。在位五年、悪虐の限りを尽したが、ついに斉の高帝の計により、七夕の夜に暗殺され、宋は亡んだ。斉の鬱林王と東昏侯とについては前に述べたので、ここでは省略する。

かように宋斉の両朝においては、壮年で即位した天子は、たいてい数年にして病歿し、そのあとを嗣ぐ幼主は例外なく悪童天子であるといった有様なので、そこに簒奪や革命が容易に行われる原因の一つがあった。宋斉二朝についてみると、わずか八十年の間に、十五人の天子が交代している。しかもそのうち三十年までは、宋の文帝の治世が占めているのであるから、これを差引くと、天子の平均在位年数は三年半に過ぎない。かつて北魏の李元凱が南朝の使者に向かい、「江南は好臣多く、歳ごとに一たび主を易ふ」と皮肉ったのは、決して誇大の言ではない（南斉書魏虜伝）。このように王朝の安定が非常に悪いのは、いろいろ理由もあるが、天子の短命ということも一つの大きな原因になっている。宋の永嘉の治も、むろん文帝の性格によることが少くないが、一つには文帝の在位が比較的永く、政権が安定した結果であると見られる。これは、いかに安定の悪い時代であっても、そのバランスの中心にある天子が健在であれば、太平と文化とがもたらされることを示す好例である。

もし梁の武帝が短命に終っていたとすれば、恐らくあのような太平と文運の隆盛とは、とうてい望み得なかったであろう。なぜならば、梁においても南朝伝統の宗室間の不和は根強く残っていたのであって、ただそれが武帝の在世によって表面化することを妨げられていただけであるからである。梁朝五十年の太平は、武帝の八十六才という、世にも稀れな長寿によることが少くはない。仁者は寿なりといわれるが、武帝の場合は、命長ければこそ仁政を行い得たのである。

しかしながら、もとより長寿だけが梁朝の太平をもたらしたわけではない。梁の武帝は、何にもまして仁慈の君主であった。けれども、武帝の仁慈の性格は、その晩年に近づくにつれて、特にその仏教信仰が深まるにつれて著しくなったのであって、即位の初期について見れば、必ずしもそうであったとは言えない節がある。たとえば禅譲の後に、南朝の簒奪者の例にならって、前朝の明帝の五子を殺していることは、たとえそれが当時の常識となっていたにもせよ、問題となる余地があろう。特に禅譲の際に利用した十五才の和帝を殺したことは、後世の非難を免れがたいところである。これは沈約の進言に従ったものであるが、沈約は夢の中で和帝のために舌を斬られたという伝説が残っている。また即位の始めに、前朝の東昏帝の余妃を納れて寵愛しようとしたことなども、のちの武帝の性格から考えると、かなりの隔たりがあることを思わせる。そこで、武帝に好感を持たぬ清の王鳴盛などは、かような武帝の初期の行為と、晩年の仏教信仰との矛盾を捉えて、帝が仏を信仰したのは過去の行為の果報を恐れたためであろうと冷笑している（十七史商権）。けれども、これは人間の成長という事実を無視した議論に過ぎない。実際、武帝は不断の克己と修養とによって、まれに見る仁慈の性格を築いて行ったのである。

即位後の武帝について見ると、その仁慈の性格は、至るところに現われている。なるほど即位の際に明帝の五子を殺しはしたが、しかし宋斉の革命の場合のように、宗室を皆殺しにするような残虐なことはしなかった。のみならず、宗室の才能ある者は、これを重用して疑わなかった。例えば蕭子恪などが、それである。彼は斉の武帝の弟予章王の第二子で、梁武とは絶服二世の疎属にあたるが、斉の明帝の時、その兄弟親従七十余人とともに誅殺を受けようとしたことがあり、すでに太医は椒二斗を煮て待ち、数十の棺材まで用意されていたのであるが、辛くも逃亡して免れたのであった。武帝は即位するとともに、召して司徒左長史に任じたが、あるとき文徳殿に引見して、「自分が都を陥れたとき、朝廷の内外は、みな革命に因って人心を新たにせよといい、宗室を処分せよと勧めた。しかし自分はこの言に従わなかった。その理由は、一つには南朝よりこのかた、革命あるごとに殺戮を行い、和気を傷け、国祚の短命を招いているからである。二つには、革命とはいえ、同姓の間で行われたものであり、自分と卿らとは一家も同じことであるから、他人のような疑いをもつ必要がないからである。卿もまた我を疑うことなく、しばらく我がなすところを見よ」と諭している。そののち蕭子恪の兄弟十六人はみな梁朝に仕え、その中でも子恪・子質・子顕（南斉書の撰者）・子暉の五人は、特に文学を以て有名になった。そこで南斉書の蕭子顕の論も、武帝を絶讃して、「君子、これを以て高祖（武帝）の量度の弘きこと、前代に越ゆるを知る」と述べている。もっとも南斉書は梁代に著わされたものであるから、幾分の割引きを必要とするけれども、無根のこととは言えないようである。

武帝の寛容は、また斉朝の旧臣に対する態度にも現われている。陳郡の袁昂は正直を以て聞え、斉の明帝の寵愛を得ていた人物であるが、梁の武帝が革命の軍を起したときには、あたかも呉興太守の任にあった。革命軍が京師に至るや、州郡の長官は挙げて降服したにも拘らず、袁昂のみは最後まで命令に従わなかった。けれども武帝はこれを責めなかったのみか、その前朝に対する忠節を愛し、のちには宰相の任を与えているほどである。また琅邪の顔見遠も、斉の明帝から個人的な親愛を受けた関係から、武帝の禅譲を聞くと、絶食三日にして死んだ。これを聞いた武帝は、「われ自ら天に応じ人に順《したが》へるのみ。何ぞ天下の士大夫の事に預らんや。しかるに顔見遠は乃ち此に至れる」といい、その死を惜しんだという。朝廷に革命があっても、士大夫の身分は、それとは無関係に存続するのがこの時代の通例であるけれども、この二人のように、前朝の天子から特別の寵遇を受けていた者は、無事にはすまぬのが普通である。それにも拘らず、武帝はこれを咎める気が全くなかった。これによって士大夫間に、人心の安定がもたらされたことは、言うまでもないことであろう。

武帝はまた南朝の伝統を破り、宗室に対しても甚だ寛容であった。武帝の異母弟の臨川王蕭宏は、かつて北征軍の都督に任ぜられながら、怯懦のためになすところなく退却し、諸将の物笑いの種になった。臨川王はこれを深く恥じるとともに、理不尽にも帝を恨むようになった。その後、都下にしばしば不穏な事件が発生し、その首謀者が臨川王だという報告もあったが、武帝はこれを取上げなかった。ところが、ある夜、帝が光宅寺に行幸しようとしたとき、途に待伏せしている者があり、捕えたところ臨川王の命令であると白状した。これはむろん重大な事件になるべきところであるが、武帝は王を呼びよせ、涙とともにその不心得を諭しただけであった。しかし臨川王はこれにも懲りず、のちに武帝の娘の永興公主に通じ、帝の存在が煙むたいところから、家僮を侍女に変装させて帝の暗殺を謀って失敗している。武帝はこれを知ったが、極力秘密にして、表沙汰になることを避けた。

かような帝の宗室に対する寛容は、子弟を放縦に流れさせ、ひいては梁の滅亡を招く有力な一因にさえなっている。侯景が隠密作戦に成功したのは、さきの臨川王蕭宏の子臨賀王蕭正徳が内通したからであった。しかも王は侯景に欺かれたことを知り、前非を悔いて武帝の前に謝罪したときにも、帝はただ「泣くをやめよ。歎くも何ぞ及ばん」と言っただけであった。宋斉二朝の君主が、宗室に対して極端な猜疑の念を抱いていたのとは逆に、これはまた極端に過ぎるといってもよい寛容の態度であった。

その寛容の精神は、むろん宗室だけに限らず、ひろく臣下にも及ぼされた。吏部尚書の蔡撙《さいそん》は風骨梗正の士で、その一女は選ばれて昭明太子の妃となった。あるとき宴会の席上で、帝は蔡撙の名をしきりに呼んだところ、蔡撙は素知らぬ顔をしている。いうまでもなく、たとえ臣下でも、敬意を示すためには、姓名でなく、官名で呼ぶべきところである。帝もこれに気づいて、「蔡尚書」と呼び直したところ、今度は返事をした。そこで帝もからかい半分に、「今しがたまで聾であった者が、急に耳が聞えるようになったぞ」といえば、蔡撙は「臣は外戚の末にあり、かつ官は納言の任に在る者にござります。陛下が臣の名を以て呼ばるることは、甚だ心得ぬことに存じます」と、逆に極めつけている。かような挿話は、君権の弱かった両晋の時代には珍しくないが、恐怖政治の支配した南朝では、思いも及ばないものであった。

この寛容の精神は、当然、武帝の政治全般に反映しないはずはない。とりわけ、それは刑罰の運用の面に現われている。帝は斉の恐怖政治のあとを受けて位に即いただけに、つとめて寛政を旨とし、天監元年（五〇二）には贖罪の科を設け、在官者の罰金・鞭杖・杖督の罪を犯した者は、すべて贖を入れれば罰を停止することと定めた。もっとも、これは漢の高祖の法三章のように一時的な定めに過ぎなかったもので、同三年には廃止されたが、寛刑の方針はそのまま維持された。殊に晩年に仏教を篤信するようになってからは、死刑の判決がある毎に涙を流し、終日楽しまなかったと言われている。

その刑罰運用の方針は、一口に言えば人情主義であり、そこに武帝の長所も、そして短所も、同時に現われている。いったい六朝という時代は、全体としては法律の整備した時代であり、人情主義の否定された時代である。この点について、南斉書良政伝の論は、甚だ示唆に富むものがある。「魏晋の吏を為すや、稍々漢と乖《そむ》く。奇猛の風は衰ふと雖も、しかも仁愛の情もまた減ず。局するに峻法を以てし、限るに常条を以てす。」漢代は君権が強く、天子の人格的な意志が政治に反映した。それが時に「奇猛」ともなり、「仁愛」ともなったのである。ところが魏晋になると、君主の権力が弱まった結果、君主個人の意志が政治を左右する余地が少くなった。そこで、これに代って政治を動かすようになったものは、「常条」であり、法律制度という非人情的なものである。漢代風の「奇猛」の政治もなくなった代りに、「仁愛」の政治もまたなくなったのである。一口にいえば、それは人情主義の敗北であり、法律万能主義の勝利である。君権の衰退した六朝時代に、法律制度が整備されたということは、一見矛盾するように思われるけれども、実はそうではない。梁の武帝でさえも、天監元年に蔡法度らに命じて梁律二十篇・二千五百二十九条を撰せしめているほどである。けれども武帝は、その法律の実行にあたっては、形式主義よりも人情主義を重んじた。帝は朝士に対しては寛大を旨とし、たとえ罪を犯す者があっても、有司に諷し、法を曲げてこれを赦すことが多かった（梁書刑法志）。帝が士大夫階級の支持を受けたのは、当然のことと言うべきであろう。

しかしながら刑罰の軽視ということは、別の弊害を招いた。それは公卿大臣が、帝の意を反映して、刑罰の実施に留意しないところから、下級の法吏が意のままに法を動かし、不正を働く余地が生れたことである。そのため罪人は減少するどころか、却って増加し、二年以上の刑を言い渡される者が、年毎に五千人に上ったということである（隋書刑法志）。殊に武帝の人情主義の弱点は、自分により近いもの、いいかえれば宗室大臣に対しては甚だ寛容でありながら、疎遠な庶民に対しては無関心であるという矛盾を犯している点にある。王侯に対する寛容の弊害は、彼等の横暴を許す結果になり、中には白昼都大路で殺人強盗を働きながら、王家に逃げ入って有司の手を免れる者も少くなかった。もちろん夕闇迫る頃になれば、街路の至るところで強奪が行われ、当時これを「打稽」と呼んでいたという（隋書）。武帝は探くその弊害を知りながらも、これを誅討する決意がつかなかった。他方、庶民で罪を犯す者があれば、法の定め通りに処罰した。法の定め通りとなれば、南朝の法律は甚だ苛酷である。例えば連坐制が厳重で、老幼の者も免れることが出来ない。課役を逃れる者が一人でもあれば、一家をあげてその身代りになるといった有様である。のち武帝が南郊に幸したとき、秣陵の一老人が帝前を遮り、「陛下の法をなすや、黎庶に急にして、権貴に緩なり。長久の術に非ず。誠に能く是れに反すれば、天下幸甚なり」と進言したことがある。さすがに武帝も、この言葉に動かされ、老幼の連坐制を緩和するところがあった。

かように武帝の人情主義の政治は、重大な弊害を伴ったが、むろん長所がなかったわけではない。それは何時の世にも絶えなかった、いわゆる「酷吏」が姿を消してしまったことである。姚察《ようさつ》の梁書なども、良吏伝は立てたが、酷吏に相当する者は見当らない、と述べている。これなどは、天子個人の性格が、いかに天下の士風に影響するかを示す好例の一つであろう。

武帝の仁慈は、ひとり国人だけに限られなかった。当時、敵国として対立していた北魏の臣下に対してさえ、丁重を極めた取扱いをしている。もっとも敵国の降将を優遇して味方にしようとするのは、南北朝を通じて見られる現象であるが、武帝の場合は、そうした打算を越えた人情が窺われる。武帝は、一度投降した北魏の武将が、再び帰国したいと申出れば、いつでも快くこれを承諾し、多くの土産物を与え、送別の宴を開いて、別れを惜しむのが例であった。そのため北魏の賀抜勝なども、深く武帝の恩義に感じ、帰国してより後も、南をさしてゆく鳥や獣を見れば、決して矢を放たなかったといわれる（魏書）。

もちろん、寛容や仁慈といったことは、それだけでは個人の性格に過ぎず、それ以上のものではない。けれども、これを南朝の天子という、特殊な歴史的位置において見れば、それは特別な意味をもつことになるのである。南朝の文人貴族を萎縮させ、南朝の文化に暗影を投げかけていたものは、ほかならぬ軍人王朝の恐怖政治であった。いまや寛容無比の文人天子を迎えることによって、長い冬ごもりの生活から解放された南朝の士大夫は、燦然たる五月の太陽の下に遊ぶにも似た心地であった。梁代を南朝文化の黄金時代たらしめたものは、その五十年にわたる太平の治であり、そしてこの太平をもたらしたものは、主として武帝の個人的な性格であったことを認めざるを得ない。

けれども、武帝が単なる寛容の君主に過ぎなかったとすれば、あのような文化の隆盛は、やはり望むことができなかったかも知れない。武帝は仁慈の天子であると同時に、むしろそれ以上に好文の君主であり、自ら第一級の教養人であった。このことが武帝をして、文人貴族を重用し保護させることになり、ひいては梁代文化の隆盛を招くことになったのである。

ところで、武帝以前の、宋斉二朝の文人貴族は、政治的には甚だ恵まれない環境におかれていた。そうでなくても軍人王朝の恐怖政治が絶えず生命の危険をもたらす有様であった上に、王室内部の紛争や簒奪がしばしば行われるために、政権の中心に近づくことは甚だ危険なことであった。そのため南朝の文人貴族は、形式的には高い官位を与えられていながら、政治の実権からは遠ざかるという傾向が著しくなった。例えば琅邪の王敬弘などは、宋の文帝の時、尚書令として宰相の任にあったが、政務に関する文書には一度も眼を通したことがなかったといわれる。また陳郡の謝朏《しゃひ》は、斉の明帝のとき、呉興太守に任ぜられたが、実務は一切下僚に任せきりで、「われ主者の吏たる能はず、ただ能く太守たるのみ」と、うそぶいていた。このことは王謝といった一流の貴族だけに限らず、南朝の士大夫に共通する傾向である。そこで梁書何敬容の伝にも、「晋宋より以来、宰相は皆文義もて自ら逸《あそ》ぶ」といい、その論に「魏の正始より、晋の中朝に及ぶまで、時俗玄虚を尚び、放誕をなすを貴ぶ。尚書丞郎より以上は、簿領文案、また懐《こころ》を経ずして、みな令史に成る。江左におよびて、此の道いよいよさかんなり」と述べ、「小人の道長ずるは、そもそも此に由るか」と歎いている。官職の任にあたるべき士大夫が、もっぱら風流文義の世界に遊び、政治の実務が寒門出の小吏の手に帰するという現象は、すでにこの時代に始っているのである。他方、君主の方でも、かような文人貴族を相手にせず、寒門あがりの実務家を尊重するようになった。斉の武帝なども、「学士の輩は、経国に堪えず、ただ大いに読書するのみ。経国は一の劉係宗あれば足れり。沈約《しんやく》・王融は、数百人ありとも、事において何か用いんや」と断言している（劉係宗伝）。劉係宗は寒門出の能吏、これに対する沈約・王融は、当時第一級の名族であり、文学者である。文学と政治との分離という現象は、南朝の時代的特徴の一つであった。

ところが梁の武帝は、即位の当初から、この南朝の伝統を破って、文人貴族を重用し、政治の枢機にあたらせるという方針を採った。ただし、武帝五十年の長い治世の間には、おのずから変遷があり、初期の沈約・范雲を重用した時代、中期の周捨・徐勉の時代、後期の朱异《しゆい》・何敬容の時代、といった経過があり、全体としては次第に寒門出の能吏を尊重するという、南朝の伝統に復帰する傾きを示していることが注目される。

武帝即位の始め、宰相の地位につき、かつまた国政の実権を委ねられたのは、沈約・范雲の二人であった。この二人は、梁武が斉の竟陵王蕭子良の邸に遊んだ時代からの友人であり、いわゆる八友の仲間である。

范雲はもと南陽の人、晋の平北将軍范汪の六世の孫で、もとより名門の出である。幼い頃から文章を善くし、尺牘に長じ、筆を下せば忽ちに成るといった調子で、時人は彼があらかじめ文案を用意しているのではないかと疑ったほどであるという。斉の竟陵王蕭子良が会稽太守となったとき、范雲はその属吏となった。始め竟陵王は范雲の人となりを知らなかったが、あるとき秦望山に遊んで、始皇帝の刻石文を見、人にこれを読ませようとしたが、誰も知るものがない。ところが范雲だけが、すらすらと読み下したので、以後は王の寵任を受けるようになった。王が司徒となり、雞籠山に西邸を開いて学者文人を招くようになってから、ここで始めて梁武と識りあった。范雲は梁武より十三才の年長であったが、偶然その住居が梁武の近所であった関係もあり、深く交わりを結び、梁武の尊敬を受けた。梁武が革命の軍を起し、都を包囲したときには、范雲は国子博士として城内にあったが、たまたま東昏帝の命を受けて梁武の陣に使したところ、梁武はこれを留めて帰さず、そのまま帷幄の謀に預らしめた。そこで范雲は、沈約とともに力を合わせ、その革命の事業を助成することになった。帝が即位するとともに、范雲は宰相の職を与えられたが、格別の功がないにも拘らず、重任を寄せられた恩に感じ、力を極めて政事に尽した。范雲は沈約と異なり、優れた文学者でありながら同時に政治的な才能もあり、東部尚書を兼ねていた時には、机上に書類が山積し、賓客門に満つという有様であったが、応対流るが如く、敏速明快に処理し、時人の讃歎を得たという。武帝は范雲に期待するところ最も多く、もし長命していたならば、さらに永く政局に当っていたであろうが、惜しくも帝の即位の僅か二年の後、天監二年（五〇三）、五十三才で歿した。

沈約《しんやく》は呉興の人、もとより南朝随一の文学者として知られている。名門の出ではあるが、父が宋の元嘉末に誅殺を受けたために、家運傾き、赤貧のうちに育った。幼い頃から学問を好み、昼夜の別なく書物を読み耽ったので、母は病気になるのを恐れ、そっと池を減らしておいて早く燈火がなくなるように心遣いをしたという。長ずるに及び、群書に博通し、とりわけ文章の妙は当時に冠絶するものがあった。竟陵王の西邸に遊んで梁武や范雲との交わりを深くしたが、沈約は梁武より長ずること二十三才、恐らく青年の梁武は、この大先輩にして当時すでに赫々たる名声を博していた沈約に対して、ひそかな憧れを抱いていたことであろう。当時、沈約が首唱して範を垂れた文章の体は、永明体として一世を風靡したのであった。しかし運命の皮肉は、この大先輩を臣下とする機会をもたらした。沈約は文学者であり、政治的な手腕が乏しかったにも拘らず、孤貧の環境に育ったためか、栄達の野心が強かった。梁武が建康城を平げ、相国の任につくと、沈約は梁武のために種々献策するところがあった。特に梁武が禅譲の際に利用した和帝を弑したのは、沈約の進言によるものである。見方によれば、武帝の即位が容易に実現したのは、文人貴族の間に盛名のあった沈約・范雲の協賛を得たからであるとも言えよう。即位後の武帝も、「われ兵を起してより今に三年なり。功臣諸将、実にその労あるも、然れども帝業を成せる者は、乃ち卿二人なり」と述懐しているほどである。

　けれども沈約は范雲と異なり、政治的な才能が乏しく、清談を喜び、政治の得失については唯々するのみであった。かつて斉の武帝は、「沈約・王融は、数百人ありとも、事において何か用いんや」といったが、その文人気質は梁の治世に入っても一向改まっていない。自らも文人であり、文人を愛することの深かった武帝ではあるが、さすがに一国の宰相としては不適格であることを痛感せざるを得ないようになった。自然、沈約との間も疎遠にならざるを得ない。そののち、沈約は、かつて自分の進言によって殺された斉の和帝が、剣を以てその舌を断つ夢を見た。巫者に見させると、やはり和帝の祟りである。そこで道士を呼びよせ、赤章を天に奏して、武帝の禅譲のことは、自分の謀から出たものでないと告げさせた。これは和帝殺しの罪を、武帝に転嫁したことになる。これを聞いた武帝は大いに怒り、中使を遣してその罪を責めた。沈約は恐れのあまり病床に臥し、ついに世を去った。時に天監十二年（五一三）、行年七十三であった。

　この沈約・范雲の時代に続くものは、周捨・徐勉の時代である。初め范雲が天監二年に卒したとき、世評は沈約一人が枢機に預ることを予想したのであるが、帝は沈約の人となりが軽易なのにあきたらず、当時尚書左丞の徐勉と右衛将軍の周捨とを抜擢して、共に国政に参預させた。従って、范雲の死後から沈約は既に浮き上った存在となり、実質的には周捨・徐勉の時代に入っていたのである。

周捨は汝南の人、東晋の名士の尚書左僕射周顗《しゅうがい》を八世の祖とし、斉代に文名の高かった国子博士周顒《しゅうぎょう》を父に持ち、もとより名門の出である。博学多通にして、最も義理に精しく、善く書を誦し、背文諷説するに、音韻清弁なり、という風に、南朝貴族の資格を完全に備えた人物であった。かつて北魏より帰投した呉包と、儒学についての討論を試み、これを圧倒してから、口弁の名をも得るようになった。梁の武帝が即位した頃は、周捨はなお奉常丞の微官にあったが、当時の宰相范雲は、周捨の父周顒と親交があり、その関係から周捨の才器であることを知っていたから、これを武帝に推挙して、尚書祠部郎の任につかせた。当時、なお天下草創の際であり、その礼儀の規定は、多く周捨から出たといわれる。そののち順調に官を進めたが、常に省内に留まり、休暇を取って家に帰ることも稀れであった。国史の編纂、詔勅の作成、法律の制定、和戦の謀議など、国政の一切に参与し、機密に預ること実に二十余年、日夜帝側を離れたことがなかった。しかも周捨は元来多弁のたちで、人と談論するときは、一日中でも冗談を飛ばすという有様であったにも拘らず、こと機密に関するかぎり、一言も漏らすところがなかったので、衆の大いに歎服するところとなったという。性甚だ倹素で、衣服調度は庶民の貧者と同じく、役所の豪壮な部屋に入っても、周捨がしばらく居ると、たちまち塵埃満積し、あばら屋同然になる始末であった。この文人にして、優れた吏能の持主周捨も、普通五年（五二四）、武帝に惜しまれつつ卒した。時に年五十三の働き盛りであった。

周捨と同時の宰相で、かつその卒後の政局を担当したのは、徐勉であった。徐勉は周捨よりも一段と政治能力にすぐれ、梁代の名宰相としては、初期の范雲とともに、「范徐」と並称されるのが例となっている。徐勉は東海の人、その父祖は官位卑しく、孤貧の中で育っているから、いわゆる名族の部類には入り難いけれども、その一族たる東海の徐氏は幾多の名士を出しているから、寒門とまでは言えず、仕族としてはまず三流の家柄であろう。前朝斉の世に、国子生より射策高第にあげられ、尚書中兵郎に至った。早くより梁武に知られ、その即位とともに、尚書吏部郎から侍中に遷った。時に北伐の事があり、朝務は多忙を極め、徐勉は軍事関係の書類の処理に当っていたが、昼夜の区別なく精勤し、数旬を経て家に帰ることが珍しくなかったので、帰るたびに飼犬が吠えついたという逸話があるほどである。ついで吏部尚書の職についたが、この職は百官の選叙を決定するものであるだけに、非常にむつかしく、またそれだけに重要な役目である。しかし徐勉は尺牘辞令に長じていたので、山積する文書を流れるように処理し、陳情に来る客人に巧みに応対しながら、手に筆を停めずという有能ぶりを発揮した。殊に百官の選叙が家柄本位に行われていた当時のことであるから、吏部尚書は天下の姓族について精通する必要がある。またこれを文書にする場合には、任官者の父祖の諱《いみな》を避けねばならぬという煩雑な要求がある。これを一々記録に参照しているようでは、事務は捗らない。ところが徐勉には、百氏を該綜し、みなために諱を避く、といった超人的な放れわざが可能であった。しかし吏部尚書は有能だけでなく、公正であることが更に必要である。あるとき門人たちが夜集した席上で、そのうちの一人が官を求めた。すると徐勉は色を正して、「今夕はただ風月を談ずべし、宜しく公事に及ぶべからず」と諭したので、時人みなその無私に服したという。そののち尚書僕射の重任に遷ったが、精勤すること前の如く、禁省中の事は、未だ嘗つて漏洩せず、表奏ある毎に、その草稿を焚くのを例とした。しかも徐勉は経史に博通し、多く前朝の朝儀国典・婚冠吉凶に精通していたので、事ある毎にその謀議に預るのが常であった。普通六年に完成した五礼儀注千百七十六巻は、彼の名によって奉上されたものである。かくて徐勉は大同元年（五三五）、七十才を以て歿した。その遺書は甚だ多い。

ところで、この沈約・范雲から、周捨・徐勉までの時期、つまり武帝治世の前半期までは、武帝が南朝の伝統を破って、文人貴族を重用した時代であって、武帝の政治の評判は甚だよかった。もっとも武帝が信頼した范雲や周捨・徐勉などを見ると、単なる文人ではなくて、いずれも政治的手腕の豊かな人物である。彼等もまた、政治には無関心な南朝士大夫の伝統を破り、よく天下国家のために力を尽した。かように政治と文化とが密着するところに、南朝文化の黄金時代が生れる原因があったわけである。ところが晩年の武帝は、次第に文人貴族を政治の中心から遠ざけ、寒人を重用するという南朝の伝統に復帰しているように見える。朱异《しゅい》・何敬容の時代が、即ちそれである。周捨・徐勉の歿後、その政局の任に当ったものは、内省においては朱异、外朝においては何敬容であった。この二人は当時の文人貴族の間で非常に評判が悪く、武帝晩年の政治に暗影を投ずることになった。

朱异は呉興銭唐の人、その祖先の名は前史に見えず、その父の官は僅かに県令に至っているのみであるから、寒門の出であることには疑いがない。しかし彼はその教養において、一流の文人貴族に伍するだけの資格を備えていた。あまねく五経を治め、尤も礼易に明るく、文史に渉猟し、兼ねて雑芸に通じ、博奕書算に至るまで、皆その長ずるところであったという。二十才の時に都に出て、当時一代の文豪といわれた尚書令沈約に面会した。沈約は朱异をからかって、「お前は年の若いにも似ず、なかなかの貪欲者だ」といった。朱异はその意味を解せず、面喰っていると、沈約のいうには、「お前は天下の文義棋書を引きさらえて我が物にしているではないか。貪欲者だと言われても仕方がなかろう」と。彼の博学多芸ぶりは、その道の権威者によって折紙をつけられたわけである。その年、上書して、建康に獄司を置くべきことを論じたのが採用され、これにより、従来二十五才でなければ仕官できない定めであったにも拘らず、特例として揚州議曹従事史に抜擢された。

ただし、令史に任ぜられたということは、彼が寒門の人であることを示すものであって、令史の経歴をもつということは、ただそれだけで軽蔑されたものであった。そののち五経博士の明山賓の推挙により、武帝に召見され、孝経・周易を講じたところ、武帝は痛く感心して、推薦者の明山賓にまでお賞めの言葉を賜ったほどであった。これで、すっかり武帝のお気に入りとなり、西省に入直し、太学博士を兼ね、その後は中書通事舎人・太子右衛率という風に、出世街道を直進することになった。しかし、このような出世の仕方も、実は当時としては軽蔑に値するものであった。門閥がなくて、ただひとえに自己の学力に頼って登官した者は、「諸生」あがりとして、終生ひけめを感じなければならない時代であったのである。

朱异は、内省の事を専掌していた周捨の後を受けて、機密の謀に預り、方鎮の改換や、朝儀国典、詔誥勅書に至るまで、みなその手に出ることになった。表面の官は散騎常侍や、右衛将軍などとなっているが、実質的には宰相の任にあったわけである。当時の宰相は非常な劇職であって、省内の事務はもちろん、全国の地方官からの上奏や請願が集中し、これを適正敏速に裁断しなければならないのであるから、尋常の才能の持主では到底勤まらない仕事である。ところが朱异は、眼にも止まらぬ速さで裁断を下し、書類に向かえば暫らくも筆を停めず、忽ちのうちに片附けてしまうという有能ぶりを発揮した。しかも他方では、勅を奉じて武帝の作にかかる老子義を道俗千余人に及ぶ聴衆の前で講じたり、士林館では武帝の礼記中庸義を講じたりしている。彼が武帝に寵愛されたのは、単なる能吏ではなくて、第一流の貴族に伍しうるだけの教養を備えていたからである。かくて彼は、実に三十余年の永きにわたって権要の位置を占めることになった。

それとともに、朱异に対する世間の風当りも、次第に厳しいものとなってきた。それは朱异が寒門の出であったからである。本来その位置にあるべからざる人間が、天子の威権を借りて貴族の上に君臨するという事実に対する不満であり、反感であった。そのくせ栄利に必ずしも恬淡でない彼等は、朱异に媚びることだけは怠らず、彼が休暇で家に帰るのを見れば、その門に殺到する有様で、公卿のうち朱异の家を訪れない者は、ただ琅邪の王承兄弟のみと言われたほどである。それだけに、彼等としては寒人に媚びなければならぬという屈辱感に耐えがたいものがあったであろう。もっとも、人に憎まれることについては、朱异自らにも責任がないではなかった。彼は貧賤の育ちであるだけに、物欲が人一倍強く、自分は贅沢三昧の生活をしながら、他人には極端に吝嗇である。賄賂は遠慮なく取るが、賢能を推薦するということはしない。育ちの悪さは争われず、朝廷に出仕する車中でも、飴をしゃぶるという行儀の悪さがある。しかも朱异自身にも、寒人であるという劣等感があり、この劣等感が反撥して傲慢さを呼ぶという悪循環がある。朱异は朝貴を軽侮し、貴戚に逢っても決して路を譲らなかった。人あってこれを注意すると、「自分は寒士である。幸運にも今日の地位に登ったが、しかも朝廷の諸貴人は、死骨になった祖先を恃み、自分を軽蔑する。もし自分が彼等に卑下すれば、いよいよ自分を軽蔑するに違いない。だからこそ自分は高飛車に出ざるを得ないのだ」と述懐している。寒人また悲哀ありというべきであろう。しかし朱异の最大の失敗は、北魏の叛将侯景に対する判断を誤り、梁の滅亡の直接原因を作ったことにある。これはもはや弁解の余地のない重大な失政である。かくて太清二年（五四八）、侯景が朱异の誅滅を名として軍を起すとの飛報を聞きながら、悶々のうちに卒した。時に年六十七であった。

朱异が内省の政治を専管したのに対して、外朝の政を委ねられたのは何敬容あった。ところが、この何敬容がまた当時の士大夫間で、甚だしい不評判を買った。何敬容は廬江の人、祖父及び父は前代に著名で、敬容は名家の子を以て、弱冠にして選ばれて斉の武帝の女長城公主に尚し、駙馬都尉を拝したという、典型的な名門の出である。この点では全く非の打ちどころがないのであるが、しかし何敬容は当時の文人貴族の気風とは反対の人物で、浮華の風を好まず、政事に専念するといった風の性格の人であった。これは朱异が寒人でありながら、文人としての最高の教養を備えていたのと、面白い対照をなすものであったが、しかし両者ともに士大夫間に不評を買った点では一致している。

何敬容は梁武の世に入ってからは、秘書郎・太子舎人などの清官を歴て、吏部尚書となって名声を博し、呉郡太守となっては天下第一の治称を得るなど、能吏としての手腕を発揮した。中大通三年（五三一）、武帝の厚い信任を得ていた僕射徐勉が病むにより、その推挙によって尚書右僕射・参掌選事となり、ついで尚書令に任ぜられ、宰相の任に当った。何敬容は久しく台閣にあった関係から、旧事を詳悉していたばかりでなく、聡明にして政治に明るく、すこぶる勤勉で朝早くより夕べに至るまで政務にいそしんだ。しかも、この勤勉さが、彼の不評を招く最大の理由になっている。というのは、晋宋以来、宰相たるものは文学芸術に遊び、雑務などには心を留めぬものとされていたからである。そこで軽薄の才子、蘭陵の蕭巡などは、詩を作って何敬容の俗吏ぶりを諷刺したが、彼は一向平気で、気にも留めなかった。しかし何敬容は朱异と違って外朝の宰相であり、天子との関係は朱异ほど密接ではなかったから、世間の甚だしい不評は、やがてはその失脚を避けられないものにした。大同十一年（五四五）、妾の弟の罪を弁護したことが武帝の怒りに触れ、十五年間にわたる宰相の任を辞することになった。そののち侍中の官を与えられ、閑所についたが、なお憂国の念は絶ちがたく、侯景に対する処置について進言するところがあり、また当時東宮にあった簡文帝が老荘を好んで講釈すると聞いて、「むかし晋代に胡賊が中夏を覆滅したのは、人々が玄虚を尊んだからである。いま東宮はまたこの故事を学ぼうとしている。恐らくまた戦乱が起ることであろう」と歎じたという。果して侯景の乱が起り、その包囲の内に病歿した。

この朱异といい、何敬容という、不評判の人物を、長く宰相の任に置いて重用したことが、梁の武帝の晩年の失政としてあげられるのが普通である。たしかに朱异を用いたことは、寒人を駆使して絶対専制の政治を行った宋斉の故事に復帰したものであり、また貴族でありながら教養の乏しい何敬容を重用したことは、文化を尊重する君主にふさわしくない行為であった、と言えるかも知れない。論者によれば、この武帝晩年の失政が、梁の滅亡を招いたとさえ、極論するものがあるほどである。けれども、この二人を重用したことが、果して武帝の重大な失政と言えるであろうか。問題は必ずしも、それほど簡単ではない。例えば顔之推などは武帝の立場に甚だ同情的であって、「文学の士というものは、古今の政治を評論する場合には、なかなか立派なことを言うけれども、実際の政治に当ると無能な者が多い。彼等は太平の世に生れて、戦乱の苦しみを知らず、俸禄のお蔭で百姓仕事の苦労を知らないから、世務を処理してゆく能力がないのである。殊に江南文学の士は、迂誕浮華で世務にうとい者が多く、君主の方でもその身分を尊重して、少しぐらいの過失があっても、鞭打って叱ることを控えがちになる。だから高官に登れば登るほど、その短所が増大するわけである。ところが身分の卑しい令史などは、いずれも政治の実際に通暁しており、時務を適切に処理する能力をもっている。たとえ小人の欠点はあるにしても、鞭打って叱正することができる。だから小人が任使されることの多いのは、人君がその長所を認めているからである。世間では自分のことは考えないで、梁の武帝父子が、小人を愛して士大夫を疎んじたことを怨む者が多いけれども、それは他人の小さな欠点に気づきながら、自分の大きな欠点に気づかないものである」と述べている（顔氏家訓渉務篇）。武帝の文人尊重の精神を以てしても、寒人を重用する南朝の伝統を打破することは、甚だ容易でない事情があったことがわかる。

また何敬容について見ても、同情的な見方をするものがないわけではない。梁書の撰者姚察《ようさつ》などがそれである。その何敬容伝の論に、「魏の正始より、晋の中朝に及ぶまで、時俗玄虚を尚び、放誕をなすを貴ぶ。尚書丞郎以上は、簿領文案、また懐を経ずして、みな令史に成る。江左におよびて、此の道いよいよさかんなり。ただ卞壼《べんこ》のみ、台閣の務を以て、頗る綜理せんと欲せしに、阮孚《げんぷ》これに謂ひて曰く、卿は常に閑暇なし、乃ち労せざらんやと。宋の世に、王敬弘は身端右に居り、未だ嘗って牒を省みず、風流相尚ぶ。その流遂に遠く、白を望み空に署するを、これ清貴と称し、恪勤して懈《おこた》るなきは、つひに鄙俗に滞る。これ朝経をして上に廃せしめ、職事をして下に隳《やぶ》れしむるなり。小人の道長ずるは、そもそも此に由るか。嗚呼、風を傷つけ俗を敗《やぶ》り、曾つてこれを悟るなし。永嘉競はず、戎馬郊に生ずるは、宜なりその然ること。何国礼（何敬容）の治を識れる、薄俗に譏らるるは、惜しいかな」といい、何敬容こそ、南朝の薄俗に染まぬ、具眼の士であると称讃している。さきの顔之推といい、この姚察といい、いずれも梁朝の政治を体験した人であり、しかもなおこの言のあるところから考えると、当時においても朱异や何敬容に同情的な見方が一部にあったことがわかる。実際、いかに文化を尊重する君主であるにしても、君主である以上は、政治の実務を軽視し得ない立場にある。これを文人貴族に委ねきることは、政治の放棄を意味する。武帝の宰相が、沈約・范雲から周捨・徐勉へ、さらに朱异・何敬容へ移って行った経過を見ると、武帝が次第に実際政治尊重の方向に傾いていったことが窺われる。そしてそれは、政治と文化とが分離していた此の時代としては、まことにやむを得ない態度であったかも知れない。寒人を重用して、文人貴族間の評判を落したことは、たしかに武帝の失政であったが、しかしそれはやむを得ない失政であった。しかもその失政は梁朝の致命傷となるほどのものであったとは考えられない。梁朝の運命を傾けた原因は、これとは別個の、より深いところに潜んでいたのである。

五　梁代の文化と武帝の教養

南朝の宋斉梁陳四代の約百七十年間において、梁の武帝治世の五十年ほど、太平と文運の隆盛とを来たした時代はない。宋の元嘉年間には、いわゆる「顔謝」、即ち顔延之・謝霊運などの文人を出したことはあるが、しかし北魏と戦って大敗を喫してからは、国運も忽ち衰微に向かい、恐怖政治の時代となった。斉の永明年間もまた、南朝としてはやや見るべき時代であって、特に竟陵王蕭子良のサロンに当代一流の文人貴族が集まり、沈約・范雲や梁の武帝などの八友が名声を博したことがあった。けれども、それも束の間のことであり、忽ちにして恐怖政治の時代の再現となった。文化は何としても太平の時代の産物である。全体としての南朝の文化が、その妖麗な姿のうちにも、どことなく病的な暗い影を宿しているかに見えるのは、この険悪な世相の連続を反映してのことであろうか。もしこのような世相が、そのまま南朝を貫いていたとすれば、南朝の文化は十分な発育を遂げないままに、日蔭の花として終っていたかも知れない。南朝文化がその隆盛を迎えるためには、やはり輝ける太陽の存在が必要であった。そして梁の武帝こそ、この太陽の役割を果した人である。

文化の保護者としての武帝は、まことに偉大であった。その感化のもとに、一族子弟にも文学の愛好者が少くなく、文選を撰した昭明太子を始めとして、簡文帝・元帝など、いずれも父に劣らず文芸の保護者として終始した。梁代の学者文人は、多くはこれらの宮廷のサロンから送り出されたものであった。

梁代の学術文芸が、いかに隆盛を極めたものであったかは、この時代に輩出した人材を概観するだけで十分に窺うことができる。すなわち文史における沈約《しんやく》・范雲・任昉《じんぼう》・庾《ゆ》肩《けん》吾《ご》・劉孝綽・蕭子顕・鍾嶸《しょうこう》・劉勰《りゅうきょう》など、経学における崔霊恩・皇侃《おうがん》・何胤・顧野王・阮孝緒、さては道教における陶弘景など、いずれもそれぞれの方面において問題とされる人物である。これらの人材のうちには、沈約や范雲などのように、すでに前朝の斉から高名を得ていたものもあるが、他方では梁の世にその基礎をなし、陳代に名をあげた庾信や徐陵などの人物も少くないのであって、全体としてみれば、梁朝ほど多数の文化人を育てあげた時代はない。まことに梁朝は、南朝文化の黄金時代だったのである。

そしてこの梁代文化の興隆は、武帝の寛仁と好文の精神によることが少くはない。このことは、敵対関係にある北朝の人士によっても、よく理解されていた。武帝の晩年に、北魏は東西の両魏に分裂したが、その東魏の覇主高歓は、英明の誉れが高かったにも拘らず、士人の驕横を十分に取締ることができなかった。人あってその理由を問うと、高歓は「江東に一呉老児の蕭衍なるものあり、専ら衣冠礼楽を事とす。中原の士大夫は、これを望みて正朔の在る所となせり。我もし急に法網を作らば、士子悉く蕭衍に奔らん」と答えたという（北斉書杜弼伝）。異朝の人士さえ、梁朝の文化を憧れてやまなかったことが窺われる。けれども単なる文化の保護者というだけならば、他の時代にもその例がないわけではない。武帝を特異な天子とする事実は、武帝自らが一時代を代表するに足るだけの高い教養の持主であったということである。このことは、武帝がまだ一介の士大夫であった頃、斉の竟陵王の西邸に遊び、沈約・范雲らとともに八友の名を得て、当代一流の文人として認められたという事実によって、すでに証明ずみであるといってよい。

ところで武帝の教養の内容をなしていたものは、如何なるものであったか。この点では、武帝は全く時代の子であって、その教養は南朝士人の伝統を忠実に守るものであった。したがって武帝の教養の在り方を問題にするためには、まず南朝士人の教養が如何なるものであったか、という問題から始めなければならない。

漢代から魏晋に入るとともに、士大夫の教養の内容にも、大きな変化が生れた。そしてその変化が明確なかたちを採り、固定化したのは、南朝に入ってからのことである。このことは学校の制度が、最も明瞭に示している。南朝宋の文帝は、元嘉十五年(四三八)に、かねて廬山の慧遠《えおん》の高弟として知られた雷次宗を京師に迎え、北郊の雞籠山に儒学館を立て、生徒百余人を集めて教授に当らせたが、ついで翌元嘉十六年には、丹陽尹の何尚之に命じて玄学館を、著作佐郎の何承天には史学館を、司徒参軍の謝元には文学館を立てさせ、それぞれ教授に当らせることになった。これらの四学館は、いくぶん私学的な色彩を持たないわけではないが、当時、国子学は未だ設立されて居らず、その代用の意味が含まれていた上に、しばしば天子の親幸があったというから、多分に官学の色彩を帯びたものであった。この四学館の設立が、いわゆる元嘉の治を現出するのに、あずかって力があったとさえ言われている(南史宋文帝紀・各本伝)。そののち明帝の泰始六年(四七〇)に、国子学を廃した代りとして総明館を置いたが、この総明館は、玄儒文史の四科からなる綜合大学であり、その総長たる総明館祭酒のもとに学士十人の定員が置かれた。この制度は、南斉の武帝永明三年(四八五)まで続いている(南斉書百官志)。

この学校の制度に特徴的に現われている事実は、南朝人が「玄儒文史」を士大夫の基礎的な教養として考えているということである。玄学とは老荘の学を意味するもので、顔氏家訓によれば、この学問は魏晋の世に盛になったものであるが、「梁世におよびて、この風またひらく。荘老周易、総じて三玄という。武皇・簡文は、躬自ら講論し、周弘正は大猷を奉賛せり。化は都邑に行われ、学徒千余なり。実に盛美となす」と述べている（勉学篇）。文史は、いうまでもなく文学と史学とである。ところで六朝に先立つ漢代においても盛に学校を設立したが、それはいずれも儒学専門の学校に限られ、文学や史学を研究するものはなく、いわんや玄学専門の学校などは夢想さえできないものであった。ところが宋朝に入って玄儒文史を専攻する官立学校が設けられたことは、魏晋以来、士大夫の教養の内容が次第に変化し、それが南朝に至って明確なかたちを採るに至ったことを示すものである。

そしてこのことは、ひとり学校の教科目だけに限らず、いろいろな方面に現われている。梁の武帝自身についても、彼が宰相として重用した周捨が歿したときに、その豊かな教養を賞讃した詔のうちに、「義は玄儒を該《か》ね、博く文史を窮む」という言葉がある。まことに玄儒文史にわたる高い教養を兼ね備えることが南朝士人の理想であった。それは漢代の士大夫が、後漢の王充が言っているように、儒学ひとすじの教養に偏したり、さもなければ能吏型の無教養に陥っているのとは、著しい対照をなすものである。南朝人が尊重したのは、何よりも人間的な豊かさということであり、それがひいて教養の広さへの要求となって現われたのである。

この場合、玄儒文史が並列されているとはいうものの、実はいずれもが均しい比重を持っているわけではない。儒学の衰退、玄学の隆盛という現象は、すでに魏晋時代に著しくなっているのであるが、南朝に入っては文史の比重が甚だしく増大した。梁書の姚察の論にも、「かの二漢の賢を求むるを観るに、率ね経術を先きにせり。近代は人を取るに、多く文史による」（任昉伝）といい、選挙登官の途においてさえ、儒学よりも文史が尊重されるようになったことを注意している。また同じく梁書の王承伝にも、「時に膏腴の貴遊は、みな文学を以て相尚び、経術を業となすこと罕《まれ》なり」といい、陳書沈洙伝には、「（梁の）大同中、学者多く文史を渉猟し、章句を為さず」と述べている。梁代は、南朝のうちでも比較的儒学の盛な時代であったのであるが、それでさえ、このような状態であった。顔之推は梁朝に仕え、のちに北朝に亡命した人で、南北朝の事情に精通した人物であるが、その著の顔氏家訓に次のような意味のことを述べている。「学問の盛衰も、世間の流行に従うものである。漢代の優れた人物は、みな経学を修めて宰相大臣の位に至った者が多い。ところが、後世になると、経学者は章句を空守し、ただ師の言を誦するだけで、これを世間の実務に応用するような場合には、何の役にも立たぬ有様となった。そこで士大夫の子の士弟は、みな博学ということを尊重し、儒学を専門にしようとはしなくなった。梁朝でも、皇孫以下の人々は、童幼の時には学校に入って儒学を習うけれども、一人前になるとみな文史に走り、儒学の業を終える者は殆んどない。士大夫のうちで儒学を備えた人物といえば、何胤・劉巘《りゆうけん》・明山賓・周捨・朱异《しゆい》・周弘正・賀琛《がちん》・賀革・劉縚《りゆうとう》らがあるが、これらの人々は兼ねて文史にも通じて居り、単に経書の講説ができるだけというのではない。これらの人物は儒学者としては第一級のものであるが、それ以下の儒者になると、たいてい田舎者が多く、発音や言葉使いが下品で、人柄も粗野であり、専門のことに凝り固っているので、ほかのことについては全く無能である。ひとこと質問すると、長々と数百言もの返答をするけれども、一向に要領を得ない。だから都の諺に、博士の驢を買うとき、書券三紙なるも、未だ驢の字あらず、というのがある」（勉学篇）。これは梁について述べたものであるけれども、北朝においても大同小異であったらしく、経学専門の博士が文史に関する知識を欠いていたために軽蔑されたことを述べている。かように南朝においては、魏晋時代と同様に、儒学の位置が著しく低下し、士大夫の教養としても、玄学や文史に比べれば、比重が甚だしく減少した。梁代もまた、その例外ではあり得なかった。

かような環境にあったにも拘らず、武帝自身はかなり儒学に対する関心が強かった。これは天子という特殊な地位がそうさせたとも見られるのであって、一般の文人貴族とは異なり、治国平天下に対する特別な関心を要求されるのであるから、自然に儒学を尊重する方向に傾かざるを得ない。梁書儒林伝によると、魏晋以来、玄学を尊重する風が盛になった結果、儒学は甚だしい衰微に陥った。宋斉に至って、時に国学を建てたことはあったけれども、真剣に儒学を守り立てようとする気持に乏しかったために、十年を出でずして廃絶に帰するのが例であった。もちろん地方の学校などは開く者がなかった。そのため公卿のうちでも経術に通ずるものは極めて稀であった。朝廷の大儒も、自分が研究するだけで、後進に対する教授は全く省みなかったので、儒学の伝承は殆んど失われるという有様であった。梁の武帝が即位するや、大いに儒学の奨励につとめ、天監四年には国学を設立し、五館を置き、五経博士をして各々その教授に当らせた。そして儒生の登進を計るために、毎館数百人に上る学生には生活費を給し、射策に及第した者は直ちに官吏に採用したので、十数月の後には、地方から笈を負うて京師に至る者が雲集する盛況を呈したという。しかも、従来の国学生は貴族の子弟だけに限られていたのを、武帝は寒門の秀才にも開放し、定員の制限も設けなかった（隋書百官志）。現に武帝が宰相に任じた朱异《しゆい》は、この国学に傭書しながら苦学した寒人であった（南史）。また武帝は博士を州都に分遣して、地方の学校の整備に努力した。不振の南朝経学史において、梁代だけが見るに足るものを備えているのは、武帝の儒学奨励によることが少くなかったであろう。

ところで武帝自身の経学の素養は、どの程度のものであったろうか。武帝の経学に関する著述が殆んど残っていない今日、これを適確に評価することは困難であるけれども、ここに一つの手掛かりを提供する事実がある。それは陸徳明の経典釈文の序録に見える記事である。これによると、斉の明帝建武中に、呉興の姚方興という者が、馬王の注を採って、孔伝の尚書舜典一篇を偽作し、これを大航頭で買ったと称し、朝廷に奉上したことがあった。当時、梁の武帝は博士の官にあったが、その偽書であることを看破し、「孔安国の序に、伏生が誤って五篇を合わせたことを言っているけれども、これは文章が互に接続しているから、このような誤りが生じたのである。もし舜典の始めに曰若稽古の四字があったとすれば、伏生が如何に耄碌していたとしても、これを誤って合わせるはずがない」と進言したために、ついにこの書は採用されなかったという。このため姚方興の舜典は梁陳を通じて行われなかったが、隋の開皇初に至り、始めてこの姚本を孔伝に合わせ、唐の正義もまたこれに従うことになった。そしてこの偽書は、清朝の臧琳や段玉裁が出るまで、誰一人として疑う者がなかったわけである。とすれば梁の武帝の経学における見識は、相当高く評価しても誤りでないことがわかる。

武帝自らの手になる経学上の著作としては、周易大義二十一巻、周易繫辞義疏一巻、周易本義二十巻、周易講疏三十五巻、周易本義疑問二十巻、尚書大義二十巻、毛詩大義十一巻、中庸講疏一巻、礼大義十巻、楽社大義十巻、楽論三巻、孝経義疏十八巻、孔子正言二十巻、などが著録されている。天子の経学上の著作として、これだけの分量に上るものは古今に稀であろう。ただ五経のうちでは春秋左伝が欠けているが、このことについては武帝自らも遺憾の意を表しており、「弱年より春秋の研究を怠ったわけではないが、ついそのままになって五十年たってしまった。今となっては年をとり過ぎたし、またその暇もない」と述懐している（劉之遴伝）これらの著述のうちには、講疏の名が示すように、講述筆記のかたちを採ったものもあろうが、しかし晩年になっても毎朝午前二時に起床して直ちに筆を執るといった奮闘の生活から考えると（賀琛伝）、自ら書き下したものも少くないであろう。当時、これらの勅撰の書は、すべて「制旨新義」と呼ばれ、王侯朝臣の質疑に対しては、武帝自らその解釈にあたり（本紀）、或は諸儒を選んで所在に講説させたり（顧越伝）、中大通三年にはこれを学官に列して、諸儒に命じて交代に講述させるなど（蕭子顕伝）、その普及には多大の努力が払われた。それにも拘らず、これらの制旨新義が散佚して今日に伝わるものがないのは、その学術的な価値が豊かでなかったことを物語るものであろうか。けれども、皇侃《おうがん》の論語義疏でさえ、久しく散佚を伝えられていた事実から考えれば、この推測は必ずしも当っているとは言えない。梁末の大乱、陳朝の滅亡は、多くの貴重な文化的遺産を失った。それはおしなべての南朝人が免れ得なかった悲しい運命であった。

ただ一つ、ここに武帝の儒学における見識を示すに足る事実がある。それは「中庸講疏」一巻である。この書物もまた、今は失われて、その内容の片鱗をさえ窺うことはできない。けれどもこの書物は、その標題だけで、問題にされるだけの十分な条件を備えている。いうまでもなく、礼記の中庸篇を抜き出して四書のうちに入れたのは宋儒であるが、その先駆となる事実が、既にここに見出されるのである。もっとも中庸を礼記から抜き出したのは、武帝が最初ではなくて、隋書経籍志を見ると、南朝宋の戴顒《たいぎょう》撰の「礼記中庸伝」二巻があり、武帝はこれに倣ったらしく思われる。戴顒は宋書の隠逸伝中の人物であり、万能の文人として有名な東晋の戴逵《たいき》の子である。父に似て琴をよくし、また仏像の鋳造に名を得て、三呉の名士間に評判が高かったが、たびたびの辟召にも拘らず、ついに官途につかなかった隠者である。

ところで戴顒や武帝が、中庸篇を礼記から抜き出した理由は何であったか。戴顒の場合は、その本伝に「乃ち荘周の大旨を述べて逍遥論を著し、礼記中庸篇に注す」とあるだけで、その動機は明らかにされていない。ただ彼が隠者の生活を守り通したところから考えると、全体としての思想的立場が老荘にあり、中庸の注釈も、そこから導き出されたものらしく想像される。普通に言われているように、中庸の儒家哲学が、老荘の哲学に対抗するために現われたものとすれば、両者はその立場の相違にも拘らず、哲学的傾向をもつ点においては一致すると見られないことはない。殊に南朝では、同じ儒家の経典の中でも、易経だけは特別の取扱いを受け、老荘と合せて三玄と称せられ、儒家と道家との接合点の役割を果していた。ところで易には、「窮理尽性、以至於命」という言葉があるが、この性命の問題を重んずる点において、中庸一篇の精神に合致するものがあると見られる。かように考えるならば、易を中間項とすることにより、中庸と老荘との結びつきを想定することは、必ずしも不可能ではあるまい。

けれども、これは戴顒の場合についてのみ考えられることであって、武帝の中庸講疏が、果して老荘思想を媒介としているか否かは、おのずから別個の問題である。むろん武帝も、道家思想には深い共感と同情とを寄せていた。これは後にも述べる通りである。しかし、武帝の思想の基調をなすものは、何としても仏教である。この点において、戴顒の荘子風の隠遁思想とは、事情を異にする。たとえ武帝が戴顒の礼記中庸伝によって触発されるところがあったとしても、それだけが武帝の中庸講疏の撰述の動機のすべてであったとは考えられない。むしろ中庸性命の哲学は、それが人間の性と天道との関係を問題にしている点において、より多く仏性論との繋がりを思わせるものがある。そして南朝仏教学の主要な問題の一つが仏性論であり、武帝自身もこれに深い関心を寄せていたことを思えば、この推測は相当に有力なものとなるであろう。すでに道安も二教論に、「仏教とは窮理尽性の格言なり」と定義しているが、仏性論の立場からすれば、かような立言も確かに可能であろう（広弘明集）。武帝が仏性論に関心を寄せていたのは周知の事実であるが、その浄業賦においても、楽記の「人生而静、天之性也、感物而動、性之欲也」の一句を引いて、「人生るるの天性を観るに、妙気を抱いて清静なり。外物に感じて動き、欲心攀縁して成る」といい、「既に客塵を除き、自性に反還す」と述べている（広弘明集）。その語気に仏教臭を雑えながらも、その思想の方向においては儒教的であり、甚だ宋儒風である。もしこの推測が誤っていないとすれば、儒教と仏教との内面的統一を計った最初の試みとして、そしてまた宋学の先駆をなすものとして、武帝の中庸講疏は、経学史上に不朽の名を止めるものといってよいであろう。

然しながら、たとえ中庸講疏が武帝の著作としては異色に富むものであったとしても、それが武帝の経学において中心的な地位を占めるものであったとは考えられない。その著述表を一覧しても判るように、周易に関するものが最も分量が多く、やはり武帝の経学にも玄学的な色彩が強かったことを認めなければならない。かつて北朝の使者の李業興が訪れた時、武帝は親しくこれと論戦を試みて、「卿は経義を善くすと聞く。儒玄のうち、いづれにか通達するや」と問うたところ、李業興は、「わかきより書生となり、ただ五典を読むのみ。深義に至りては通釈を弁ぜず」と答えた。さらに易について質問を発して、「太極は是れ有なりや無なりや」と誘いをかけたが、これに対しても李業興は、「伝ふる所の太極は是れ有なり。素《もと》より玄学せず、何ぞ敢へて輒酬せんや」と軽く逃げている（魏書）。この李業興の態度から、北朝には玄学が行われなかったという結論を導き出そうとするものもあるが、これには相当の疑問がある。しかしそれは当面の問題ではない。この問答を通じてわかることは、武帝の経学も、南朝の風に従って、玄学的な色彩が強かったということである。

かように武帝の経学には、玄学ないしは仏教の色彩が濃厚であったが、しかし他方では儒学本来の面目を保っている一面がないではなかった。それは礼学である。武帝自らの著作にも、礼大義十巻、楽社大義十巻、楽論三巻があるが、それよりも更に重要なことは、大規模な礼典の編纂事業を行っていることである。すなわち五礼儀注千百七十六巻の撰述がそれである。この事業は、武帝即位ののち間もなく着手され、二十数年を経て、普通六年に完成した。その間、学士の間に討論が重ねられたことは勿論、疑事の決し難いものは、しばしば武帝の断決を仰いだといわれる。惜しむらくは、武帝の他の勅撰の書と同様に、散佚して伝わらないが、百二十帙、八千十九条に及ぶ尨大なものであった（徐勉伝）。そもそも礼典の編纂は、すでに西晋の頃から始められたが、これは永嘉の乱に亡び、ついで南斉の永明年間に企てられたが、これも東昏侯の乱に大半が散佚してしまった。武帝の五礼儀注は、その先例を追い、これを一層大規模に完成したものにほかならない。

それでは、なぜ南朝になって、かような礼典の大規模な編纂が行われるに至ったのであろうか。清談が盛に行われた魏晋時代には、礼俗の無視ということが貴族社会の流行となった。それは一部の貴族の奇矯な行動であるというよりも、当時の貴族社会を風靡した全般的な風潮であった。それは専制王朝の支配から解放された貴族階級の、自由への讃歌であったともいえよう。しかし、この奔放な風潮も、あまり永くは続かなかった。永嘉の大乱を経た東晋では、すでに貴族の生活態度に反省の色と落着きとが見出される。殊に南朝に入り、軍人王朝の重圧が加えられるとともに、貴族は完全に魏晋の野性を失い、礼俗の破壊といった大胆な行為は、もはや思いも及ばぬものとなった。これに代って現われたものは、貴族生活に特有な形式美への憧れ、行動様式の定型化への要求であった。いいかえれば、それは礼の尊重である。かつての礼俗の破壊者は、いまや新たな礼俗の建設者に転向したのである。

かような傾向は、家法や家訓の流行といった事実にも、明らかに見出すことができる。家の内部における礼、たとえば避諱の風習などは、漢代よりも却って厳重になっているほどである(顔氏家訓風操篇)。全体としては不振であった南朝の経学も、ひとり礼学だけは例外的な発達を遂げ、宋の雷次宗から梁の崔霊恩や皇侃《おうがん》に至るまで、多くの礼学者が輩出した。梁書の儒林伝中の人物を見ても、三礼を最も得意とするものが大部分を占めており、礼学の盛況を物語っている。南朝の経学を極めて低く評価する皮錫瑞の経学歴史も、晋宋の間の諸儒、特に雷次宗の礼学を賞讃して、「礼を説くこと謹厳、引証詳実にして、漢の石渠虎観の遺風あり」といい、また皇侃の礼記義疏が、その論語義疏にまさること遠い、とも言っている。礼学はその性質上、特に保守性を要求されることが大きく、それが漢学派の人々を引きつけたという事実も考えられるが、しかしそれが六朝経学のうちで唯一の生きた部分であったという事実も見逃すことはできない。武帝が大規模な礼典の編纂を行ったのも、かような南朝の礼学尊重の伝統に従った結果であった。

このように梁の武帝は儒学の振興に努力し、自らもその研究に務めた。それにも拘らず、南朝の儒学は、玄儒文史の系列のうちでも最も比重の少い部分であったように見える。儒学専門の博士が世間から軽蔑され、章句の学が賤しまれるという風潮は、依然として改まらなかった。これは魏晋以来、儒学が貴族社会を指導する機能を失っていた結果であって、社会の構造に変化のない限り、如何ともなしがたい事実であった。とはいえ、南朝においても儒学が貴族の「教養」として重要不可欠のものとされていたことは、漢代の場合と余り変りがなかったように見受けられる。例えば梁の司徒左長史となった琅邪の王筠《おういん》なども、その自序に、「幼年にして五経を読み、皆七八十遍なり。左氏春秋を愛し、吟諷して常に口実となす。広略去取し、凡そ三過五抄せり。余経及び周官・儀礼・爾雅・山海経・本草も、並びに再抄す。子史諸集は皆一遍なり。未だ嘗つて人に請ひて手を仮らず、並びに躬自ら抄録す」と述べている(梁書)。これほど熱心なのはやや例外としても、一般的には顔氏家訓に述べているように、「士大夫の子弟、数歳已上は、教を被らざるはなし。多き者は或は礼伝に至り、少き者も詩論を失はず」といった程度が、普通であったのであろう(勉学篇)。その表面の形だけから見れば、儒学の普及は漢代に比べて格別の遜色がないかに思われる。それにも拘らず、儒学が玄儒文史の系列のうちでは、最下位に甘んじなければならなかったのは、そもそも何故であろうか。

漢代の儒学は、治国平天下という行動に直接結びついていた。ところが政治に対する関心が低下した南朝の士大夫は、治国平天下といった行動の意欲をも失った。従って南朝の経学には、「通経致用」の精神は全く無縁のものであった。それでは南朝経学の存在理由は何処にあったか。顔之推という人は、この時代としては保守的な傾向をもち、儒学の実用性を重んずるのであるが、しかも一面では、「人間が此の世に生れた以上は、誰れでも必ず業を持たねばならぬ。農民が耕稼し、武夫が弓馬を習うように、文士は経書を習わねばならない」といい(北斉書)、儒学を士大夫という身分に特有な業としている。いいかえれば、儒学は士大夫をして士大夫たらしめる条件であり、士大夫という「状態」を作り出すために必要な条件なのである。漢代の儒学が治国平天下という「行動」に結びついていたのに対して、南朝の儒学は、もっぱら士大夫の貴族性・優越性を支えるための「教養」に落ちついたのである。ここに漢代の儒学と、南朝の儒学とを分つ、本質的な区別があると見られる。

この観点に立てば、南北朝において経学の専門家たる博士が軽蔑された理由も、おのずから明らかになる。第一に、彼らは章句の専門的知識を持つだけで、それを教養にまで高めることを知らなかったからである。第二に、教養という以上は、何よりもその内容の豊かさ、広さということが要求されるのに、博士は経学の知識を持つだけで、玄学はもちろんのこと、文史に対する素養にも全く欠けていたからである。この第二の点は、特に重要である。というのは、儒学の知識は、それだけでは価値がないのであって、玄学や文史と並ぶことにより、始めて士大夫の教養としての資格を、獲得することを示しているからである。この儒学の独立性の欠如という事実は、玄学や文史には見られないものであって、南朝の儒学が、玄儒文史の系列において最低の地位に置かれざるを得なかった直接の理由となっている。

ところで、このように「教養」となった儒学は、実用に結びついていた漢代の儒学とは、おのずから異なった性質を持つことになる。それは専門家の経学のように、必ずしも精到周密なることを要しなかった。北魏の上党王元渙は、常に「人は学なからざるべからず。ただ博士たらざるを要するのみ」といい、書を読んでも大体の梗概を知るだけで、甚だしくは躭習しなかったという（北斉書）。これは北朝の例であるけれども、南朝においても事情に変りはなかった。経学においては素人であることが貴いのであって、ひとたび経学の専門家、博士となれば、それは人間としての堕落を意味した。義疏を中心とする南北朝の経学は、結局は章句の学を出なかったけれども、しかも章句の学に深入りして一字一句の末に拘泥することは、教養としての儒学から逸脱するものであった。従って、それは博士の学問であって、士大夫の教養に結びつくものではなかった。

また教養としての儒学は、専門家のそれのような深さを必要とせず、何よりも広さを要求する。梁朝の代表的文人である任昉《じんぼう》が、よく経籍を談じ、「五経笥」の名を得たというのも、博聞多識を重んじた当時の気風を示すものである（唐会要氏族）。さらにまた、士大夫たるの品格を示すものとしての儒学は、なるべく人目に附きやすく、派手な性格をもつことが要求される。六朝を通じて、経学上の討論がしばしば公開の大集会の席上で行われたのは、この要求を満たすためであった。この討論会、すなわち講論を、最も大規模に行ったのは、ほかならぬ梁の武帝である。この講論の形式については、陳書の岑之敬《しんしけい》伝にその一端が見える。岑之敬は十六才の時、策試を受けて高第に擢せられたが、あらためて梁の武帝の面試を受けることになった。まず講者たる岑之敬を講座に登らせ、中書舎人朱《しゅ》异《い》が執経となり、孝経を手にしながら士孝章を読みあげる。武帝は自ら難者となって、岑之敬に論難を加える。岑之敬はこれを縦横に解釈応対する、といった調子である。これは口頭試問であるが、純粋の講論の様子は、同じ陳書の袁憲伝に見える。袁憲は年少の頃から好学の誉れ高く、しばしば自宅に諸生を招いて談論を闘わせたが、袁憲はいつも新義を唱えて人の意表に出ることが多かった。十四才で梁の国子正言生となったが、あるとき国子博士の周弘正を訪れたところ、丁度周弘正は弟子を集めて講座に登ろうとしていた際であったので、早速袁憲に麈尾《しゅび》を授け、樹義を命じた。坐に居合せた何妥や謝岐が論難数番を試みたが、袁憲を屈服させることができない。このとき学衆は堂に満ち、観る者重踏すという有様であったというから、非常な盛況であったことがしのばれる。かような華やかな討論会は、魏晋の清談の延長と見られるもので、ただそれを大規模にし、かつ制度化したものにほかならない。社交場のうちの経学は、ただ観者の喝采を博すればよいのであって、人の意表に出る目新しさはあるにしても、内面的な力強い発展は望むべくもなかったであろう。

かような時代の環境のうちにあっては、いかに武帝が儒学の振興に努力したとしても、それには自ずから限界がある。結局、梁代の儒学も、人間の生活を動かす精神とはなり得ず、ただ士大夫の貴族性を構成する教養としてのみ、あり得たと見るほかはない。

つぎに転じて、玄学について見よう。玄学とは、いうまでもなく老荘の学であるが、梁代には老荘と易経とを合わせて三玄といったのであるから、理論的には儒学の一部分を含むわけである。しかし、その易経は老荘的、形而上学的に理解されているのであるから、実質的にはやはり純然たる老荘の思想である。老荘思想は、魏晋よりのち、儒教に代って永く思想界を支配して来たのであるが、梁代に至っては、その太平と相待ち、一世を風靡する有様となった。顔氏家訓に、「梁世におよびて、この風またひらく。荘老周易、総じて三玄という。武皇・簡文は、躬自ら講論し、周弘正は大猷を奉賛せり。化は都邑に行われ、学徒千余なり。実に盛美となす」といっているのが即ちそれである。

武帝は儒学を重んずると同時に、玄学にも深い愛着を感じた。北魏の使者に向かって、易の太極が有であるか、無であるかを問いかけた話などによっても窺われるように、武帝の儒学そのものが玄学的な色彩を帯びていたことがわかる。武帝の玄学の方面の著述としては、老子講疏六巻があり、他の制旨新義と同様に、帝自ら講論にあたり、質疑応答を行った。殊に大同六年、朱异《しゅい》が帝の老子義を儀賢堂で奉述したときには、朝士道俗の聴者千余人に及び、盛会を極めた。この書も今は亡び、その内容を知ることができない。けれども、武帝の老子に対する愛好の念が、なみなみならぬものであったことを示す一つの事実がある。それは、嘉祥大師の三論玄義に、一説をあげて、「牟尼の道が、あらゆる否定を絶していると同様に、老子の道も分別対立を越えている」という意味のことを述べたあとに、「これ梁の武帝の新義なり。仏経を用ひて、真空を以て道体となす」と注していることである。これによると、武帝は老子の無と、仏教の空とを同一視していたらしく思われる。むろん、老子の無と仏教の空とを同一視することは、仏教弘通の初期に見られた現象であり、いわゆる格義仏教が即ちそれである。けれども格義の場合は、仏教の空に対する理解が十分でなかったところから生じた混同であって、いわば未熟から生れた誤解であった。しかし武帝の解釈は、かような素樸な立場からの同一論であったとは考えられない。なぜならば、梁の頃には、老子の無と仏教の空とを区別することは、もはや学界の常識となっていたはずだからである。一口にいえば、仏教の空が絶対無であるのに対して、老荘の無はなお相対無を脱しない。これは当時の、特に仏教界においての定論といってもよいものであった。ところが武帝はこの定論に反対して、老子の無は相対無ではなく、仏教の空と同様に、否定の否定、すなわち「双非」の性格をもつものとしたのである。いいかえれば、武帝は当時の常識を打ち破って、老子の地位を仏教と同じ水準にまで引き上げたのである。さればこそ、嘉祥大師もこれを「梁の武帝の新義」と呼んだわけである。この武帝の新解釈に対しては、当代一流の玄学の大家とされた周弘正や張譏でさえ、反対を唱えたといわれる（玄義注）。武帝が仏教に傾倒しながらも、老子に対して如何に同情的であったかは、この一事を以ても窺うことができよう。

けれども、梁代に流行した老荘思想は、魏晋の初期のそれとは、明らかに性格の異なったものであった。魏晋の老荘思想は、竹林の七賢などに典型的に現われているように、放達を装いながらも、その根底には伝統に対する抵抗の精神を秘めていた。そこには、いやしくも世俗の権威に妥協することを肯えんじない、孤高の精神があった。阮籍の詠懐詩には、この放達の清談家にはふさわしからぬ、沈痛孤独の趣きが漂っている。この沈痛の情こそ、何にもまして孤高の精神の所在を示すものであろう。また西晋元康の世に、放縦不軌の行動で勇名を馳せた貴族たちは、いわば老荘的野性の持主であった。当時の大きな叛乱といえば、たいてい有力貴族を中心に発生していることからも判るように、魏晋の貴族はなお野性を失ってはいなかったのである。ところが南朝の軍人王室による恐怖政治の開始とともに、この貴族の野性は跡形もなく消え去り、上品で気力に乏しい貴族に転化して行った。それは当然また、老荘思想の質的な変化となって現われる。その一つの現われは、玄学が儒学と結合し、妥協を許るようになったことである。

もともと儒学と玄学とは、その本来の使命に忠実であるかぎり、同時に両立することはできないかに見える。儒学は礼教という人為を尊重するのに対して、老荘は礼教を否定し、無為自然を尊重する。また儒学は経国済民の精神を生命とするのに対して、老荘は独善保身を尊しとする。一口にいえば、儒学は国家中心の思想であるのに対して、老荘は個人中心の思想である。その妥協や結合は、果して可能であろうか。

むろん儒教にも、詳しく見れば、個人尊重の思想がないわけではない。治国平天下という大学篇の言葉は、その前提として修身斉家を強調しており、天下国家を治めるには、まず個人の身を修めることを先行条件としている。また儒教にも、隠遁保身の思想がないわけではない。「明哲保身」は、もともと詩経の言葉である。論語にも、「天下、道あらば則ち見《あらわ》れ、道なければ則ち隠る」といい、乱世における隠遁保身を是認している。けれども、儒教においては、個人はあくまでも出発点に過ぎず、究極の目標はやはり天下国家にある。明哲保身を是認するとはいえ、それはやむを得ざる権道に過ぎない。それは老荘、特に荘子の反社会的な個人主義とは、質的に異なったものである。かような異質的な二つの思想は、如何にして共存しうるのであろうか。

老荘思想が流行を始めた魏の時代に、王昶《おうちょう》は、「儒者の教に従ひ、道家の言を履《ふ》む」といった。しかし魏晋時代の大勢は、このような妥協的な立場を許さず、多くの場合、儒教と老荘とは不倶戴天の仇敵関係に置かれていた。ところが南朝に入るとともに、玄儒文史といい、儒玄並綜というように、儒学と玄学とを兼備することが、士大夫の教養とされ、その間に横たわる矛盾は問題にされていないように見える。それでは、この異質的な二つの思想を結びつける原理は何であったか。一つの解決方法として、公人としては儒教を奉じ、私人としては老荘に従うという、使い分けの立場が考えられる。王袛の「儒者の教に従ひ、道家の言を履む」といった態度は、あるいはこのような立場から生れたものであるかも知れない。しかし、この使い分けの立場は、究極においては人格の分裂を来たす恐れがある。もしその儒教の精神が本物であり、老荘への傾倒が真摯なものであるとすれば、果してこのような器用な使いわけが許されるであろうか。公人としては神道を信じ、私人としてはキリスト教を信ずるなどといえば、ひとの失笑を買うほかはあるまい。結局、もし儒学と玄学との、いずれかに傾倒するかぎり、儒玄並綜といった両立の関係は絶望的であるかに見える。

それにも拘らず、南朝において儒玄並綜ということが可能であったのは、実は南朝の儒学が本来の儒学でなく、また玄学もその本来の精神を失っていた結果である。南朝の儒学が、その本来の治国平天下の精神を失ったことは既に述べた。それでは南朝の玄学は、どうであったか。儒学は貴族の社交場での談論の具となったが、玄学についても全く同じ現象が見られるのである。琅邪の王僧虔は、その誡子書の中で、「お前たちは老子の巻頭五尺ばかりを開いただけで、いまだ王弼が何を言っているか、何晏が何を説いているか、馬融・鄭玄がどの点で違っているか、指例が何を説明しているかを知らないくせに、すぐさま麈尾《しゅび》を振りまわし、ひとかどの談士になったつもりでいる。これは最も戒めなければならないことである」といっている。梁代に入っては、この玄学講論の風は、いよいよ盛になった。扶風の馬枢は、六才にして孝経・論語・老子を誦することができ、長ずるに及んでは博く経史を極め、最も仏経及び周易・老子を得意とした人であるが、武帝の第六子邵陵王蕭綸に認められ、その学士となった。あるとき、王は自ら文品経を講じ、馬枢をして維摩・老子・周易を講ぜしめ、日を同じうして講論することになった。時に道俗の集まり聴くもの二千人あり、非常な盛会であった。王は討論の勝敗を明らかにするために、聴衆に向かって「馬学士と義を論じて、必ず屈伏せしめよ。空しく主客を立つるを得ず」と呼びかけた。そこで数人の学者が質問の矢を放ったが、馬枢は条理あざやかに、しかも転変窮まりない応対ぶりを示したので、論者いずれも黙然として聴き入るのみであった（陳書）。また武帝の第三子簡文帝が東宮にあった頃、宴会の席上に玄儒の士を集め、まず玄学の士をして互に論難を試みさせ、それが終ると、今度は経義についての討論をさせている（陳書戚哀伝）。かように南朝の玄学は、儒学と同様に、貴族の社交場に育てられたものであり、競技的な、そして時には娯楽的な意味を持ったものであった。このようなサロン育ちの玄学に、魏晋の老荘思想が持っていた野性や、孤高の精神を求めることは、まさに木によって魚を求めるのたぐいであろう。南朝の儒学が経国済民の精神を失ったように、南朝の玄学もまた本来の孤高の精神を失った。両者ともに、その本来の面目を喪失したところに、玄儒並綜という両立のかたちが可能になったのである。かような点から考えるならば、梁の武帝の玄学も、恐らくは彼の生活を導いてゆく「精神」の域までは達せず、その「教養」の内容を構成する程度に止まっていたのではあるまいか。

最後に、玄儒文史のうちで、最も大きな比重を占める文史について述べなければならない。この章の始めにも述べたように、南朝特に梁代では、文史を重んずる風が盛であって、選挙登官の道においても儒学の代りに文史が用いられ、貴族の子弟も一通りの儒学の教育を受けたのちは、文史に専念するという傾向が著しくなった。陳書の姚思廉の論にも、「それ文学は、けだし人倫の基づく所か。是を以て、君子は衆庶に異なる。昔、仲尼の四科を論ずるや、徳行に始りて、文学に終る。これ則ち聖人もまた貴べる所なり」と述べているのは、六朝人の文学に対する評価を端的に示すものである。文学こそ、士大夫と庶民を別つ最後のものであるという見方は、南北の両朝に共通するものであった。

ところで、文学と史学とが結合して「文史」という熟語を作るようになったのは、何時の頃からであろうか。後漢書の黄瓊《こうけい》伝に、尚書の左雄が孝廉を推挙する場合に、専ら儒学文史を用いたという例があり、少し下っては、西晋の張華の伝に、「身死するの日、家に余財なく、ただ文史の机篋に溢るるあるのみ」と見える例などが、恐らく最も古い用例に属するものであろう。これよりさき、漢代では、史はむしろ経に結びつくものであったことは、周知の通りである。経史という熟語は、六朝になっても、なおしばしば現われるとはいうものの、文史の結合の緊密さには及ぶべくもなかった。それでは、なぜ史学は経学を離れて、文学に結びつくようになったのであろうか。章学誠の言葉を借りるならば、「それ史の載する所の者は事なり。事は必ず文を藉《か》りて伝ふ。故に良史は文に工みならざるはなし」ということが、第一の理由になったものと思われる（文史通義史徳）。事を述べ、人を描くということは、勝義においてまた文学の業である。かような自覚が、六朝人に文史の語を作らせたのであろう。さらに史学が経学を見棄てた理由としては、経学の権威と魅力とが失われた事実が大きく働いている。何よりも独創を喜ぶ六朝人にとっては、経学はあまりにも伝統の拘束を受けることが強く、自由な才能の発揮を妨げることが甚だしい。これに比べれば、文学は創作の極めて自由な世界である。史学には文学のような創作が許されないにしても、なお事実を述べる際に取捨選択の余地があり、叙述にあたっては自己の文学的な才能を発揮することができる。さらにまた、文学・文章は、その題材として典故を必要とするが、その典故は経学に求めるよりも、史学に仰ぐ方が遥かに豊富であり、かつ人間的な内容に恵まれる。かような色々な理由が折り重なって、文学と史学とを結合させるに至ったのであろう。

このような文史の結合の緊密さを示す事実として、当時の官制をあげることができる。

魏晋以来、官制に多少の出入はあるにしても、中書・秘書の二省の官は、たとえ官秩は低くとも、いわゆる甲族起家の官であり、名門の子弟の中でも特に文史の才に長じた者が任命されるのが例であった。中書は文誥を掌り、秘書は著作を掌るのであるから、それぞれ文と史とを代表する官である。北斉の魏収が、その中書監兼著作郎の任を奪われたとき、人これを評して、「詔誥は悉く陽子烈に帰し、著作はまた祖孝徴に遣れり。文史頓《と》みに失ふ。恐らく魏公は背に発せん」と言ったという。この文史の官に比べると、経学者の起家の官たる太学博士は、まことに哀れな位置におかれていた。官制の上からだけ見ても、史は経に結びつかず、文に接近するように配置されてあった。そしてこの官制の配置は、おのずからに当時の士大夫の経学や文史に対する評価の態度を反映していることは言うまでもない。

そこで、まず梁代の史学の概況から述べると、文史の密接不離の関係から、当代有数の文学者は、たいてい史学に関する著述を残している。中でも沈約の宋書一百巻、蕭子顕の斉書六十巻は、現存して正史のうちに数えられている。ただし、これらの史書は文人の副業として書かれたものであるだけに、必ずしも上乗のものとは言えない。劉知幾の史通は、史記漢書が簡にして要を得ているのに比して、それ以後の史書は文章の対偶を重んじたために、一言ですむものを足して二言となし、三句でよいものを分けて四句とするという調子で、冗漫繁雑の弊に陥っている、と批評している（叙事）。また文章を美しくしようとする結果、いきおい虚飾が多くなり、例えば宋書には武帝が難しい故事を引いて群臣に応答している個所があるが、宋の武帝が無学であったことは周知の事実であり、このようなことができるはずがない、とも言っている（雑説下）。これは六朝の文章の弱点が、そのまま史学に持ちこまれたもの、と見るほかはない。結局、六朝の史学は、文章の応用の場に過ぎなかったのであって、文は自立独行し得ても、文を離れた史学というものはあり得なかった。この意味では、史学はあくまでも文学に従属する立場にあったと言ってよい。

かような史学の状態のうちにあって、梁の武帝の「通史」六百二巻は特異な性格を持った書物というべきである。この書は題名が示す通りに、上は三皇より、下は斉代に至るまでの通史であった。武帝のこの書物に対する自信は非常なものであって、「われ通史を造る。この書もし成らば、衆史廃すべし」と語ったといわれる（蕭子顕伝）。しかし、この書は武帝の撰となっているものの、武帝自らは賛序を書いただけで（本紀）、実際の撰述は、呉均がこれに当った。ところが、その呉均も、本紀世家を完成しただけで、普通元年に卒し、列伝は未完成のままに残された（呉均伝）。宋の高似孫の史略に、通史を「全く編年法を用ふ」といっているのは、残された本紀世家の部分だけを見たからのことであろう。実際は、通鑑のような編年体のものではなく、劉知幾の史通にも述べているように、史記の体裁にならったものと思われる（六家）。この書物の価値については、劉知幾のように、断代の史を正統とする立場から、これを貶する者もあるが、しかしまた鄭樵のように、逆に班固以来の断代史を排する立場から「（司馬）遷の法すでに失はれ、（班）固の弊日に深し。東都より江左に至るまで、一人として能く其の非を覚るものなかりき。ただ梁の武帝のみ、此が為に慨然たり。乃ち呉均に命じて通史を作らしむ」と絶讃し、その未完成に終ったことを痛惜している者もある（通志総序）。ともあれ、通史の撰述に手を染めたことは、武帝が史家としても一見識を備えていたことを物語るものである。

武帝の史学に関連するものとして、「華林遍略」六百二巻の編纂事業をあげておかねばならない。この種の、いわゆる類書は、文章を作るために必要な典故を分類して集めたもので、本来は文学のための参考書であるが、同時に史学の研究にも役立つものである。六朝に入って文学が隆盛に趣くとともに、類書の編纂もまた盛に行われ、魏の「皇覧」を始めとして、南斉の四部要略一千巻、北魏の科録二百七十巻、北斉の修文殿御覧三百六十巻などがある。武帝がこの華林遍略の編纂を思い立った動機は、劉孝標が類苑百二十巻を著わしたことである。武帝は劉孝標の人となりを好まず、その類苑を凌駕するものを作るために、この書の編纂を始めたといわれる（劉孝標伝）。この書物はいち早く北朝でも伝写されたらしく、東魏の覇主高澄のところへ売りつけに行った者があったが、高澄は書写の人を多く集め、一日一夜の中に写し終えたあとで、この本は要らぬといって突き返した、という挿話が残っている（北斉書祖珽伝）。この華林遍略の後をついだものが、北斉の修文殿御覧であり、さらにそれが遠く宋の太平御覧の淵源になったことは、あまねく知られる通りである。

転じて、文学についてみよう。玄儒文史のうち、文史が最大の比重を持つとは言うものの、実は史学は文学に寄生していたのであるから、文学こそ六朝士大夫の教養において最も重要な位置を占めるものであった。もっとも六朝における文学の位置にも、おのずから歴史的な変遷がある。六朝の初期、魏晋の頃には、玄学の勢が盛であったために、文学は、なおその下風に立つ観があった。梁の劉勰《りゅうきょう》の「文心雕龍」にいうところによれば、西晋より東晋にかけて、玄学が盛行を極めたために、「詩は必ず柱下（老子）の旨帰にして、賦は乃ち漆園（荘子）の義疏なり」という有様であった（時序篇）。つまり魏晋の文学は、玄学の精神で貫ぬかれていたわけである。ところが南朝に入るとともに、「宋初の文詠、体に因革あり。荘老退くを告げて、山水方《はじ》めて滋《しげ》し。采を百字の偶に儷《なら》べ、価を一句の奇に争ひ、情は必ず貌を極めて物を写し、辞は必ず力を窮めて新を追ふ。これ近世の競ふ所なり」というように変化した（明詩篇）。宋に入って、文学は玄学と絶縁し、題材としては山水を選び、もっぱら表現の技巧の新奇さを競うようになったというのである。

同じことを、宋書謝霊伝の沈約の論は、論じて更に詳らかである。「有晋中興するや、玄風独り振ふ。学をなすは柱下（老子）に窮まり、物を博くするは七篇（荘子）に止まる。文辞を馳聘するも、義は此に単《つ》く。建武（東晋初）より義熙（東晋末）におよぶまで、歴載百ならんとするも、綴響聯辞、波属雲委するに、言を上徳に寄せ、意を玄珠に託せざるはなく、遒麗の辞、聞ゆることなし」といい、東晋末までは文学が玄学の支配下にあったために、老荘の思想を述べることを使命とし、文学本来の面目が発揮できなかったことを述べている。ところが南朝の宋に入って、顔延之・謝霊運の二人、いわゆる顔謝が現われてからは、文章本来の美が発揮されるようになったといい、二人の文学を高く評価する。けれども沈約によれば、顔謝の二人と雖も、なお文章の秘密を把握するまでには至っていないという。それでは文章の秘密とは何か。文章の生命は、何よりも音楽的なリズムにある。「もし前に浮声あらば、則ち後に切響を須《ま》ち、一簡の内、音韻尽く殊にし、両句の中、軽重悉く異ならしめんと欲す。この旨に妙達して、始めて文を言ふべし」というのである。そして上古より以来、この秘密に気づいた者はなく、たとえその間に高言妙句が現われることはあったにしても、それはその音韻が偶然に理に闇合したまでであって、意識的に音楽的な効果を計算に入れて作ったものではない。張蔡曹王といえども、この理を悟ることなく、潘陸顔謝に至っては、これを去ることいよいよ遠いというのである。結局、沈約は顔謝がなお文章の堂奥に入ることを許さないかに見える。

このように六朝の文学が、宋の謝霊運あたりを境として、質的な転換を遂げるという、沈約の見解は、通典の作者、唐の杜佑の見解とも一致する。杜佑によれば、宋初に顔延之・謝霊運が出たとはいうものの、文帝の元嘉年間から、孝武帝の大明年間までは、なお経史を尊重する風があった。ところが明帝に至って、この風が急に衰えた。明帝は聡明博学にして、文史を好み、行幸や宴会の際には、必ず朝臣に命じて詩を作らせた。文臣はまだよいとして、軍人武将の連中になると、詩の提出期限が迫るのに苦しんだあげく、他人の詩を買って間に合わせる者も現われる始末であった。その結果、詩文の技巧に凝ることが天下の流行になった、というのである（選挙四）。この宋の明帝あたりを境界にすることは、ただに文章だけでなく、時勢一般について言えることである。顔謝の出た宋の元嘉の時代には、なお魏晋的な風気が残存していた。そのことは何よりも顔謝二人の性格によく現われている。顔延之は、当途の要人劉湛に逆らって永嘉太守に左遷せられ、怨憤して「五君詠」を作り、竹林の七賢が貴顕に退けられたことを述べ、自らこれに寓するところがあった。また酒豪の名高く、かつて宋の文帝が彼にその諸子の才能を問うたところ、「竣は臣の筆を得、測は臣が文を得、奐は臣の義を得、躍は臣の酒を得たり」と答えた。すると、側にいた何尚之が戯れて、「誰れか卿の狂を得たる」といえば、「その狂や及ぶべからず」と応酬している（南史）。謝霊運もまた奔放の文人である上に、政治的な野心があり、ついに謀叛の嫌疑によって、非業の最後を遂げている。同時の范曄《はんよう》もまた、これに劣らぬ豪の者である。官界に志を得なかったために、一味を語らって叛を謀り、捕えられて刑場に送られたが、道すがら言笑自若として死に就いている。これらはいずれも宋初の貴族が、なお前代の野性の名残りを保っていたことを物語っている。この野性の名残りは、宋の明帝の恐怖政治とともに跡を絶った。そしてそれはまた、文学が玄学と絶縁して、ひたすらに表現の技巧を追求するようになる時期と一致している。

時代が斉梁に移るとともに、技巧派の文学の全盛時代を迎えた。南斉時代の文学の興隆については、竟陵王蕭子良の保護奨励によることが大きい。その西邸に集った多数の文人のうち、沈約や梁の武帝をふくめた八人が、八友と呼ばれて、当時の風潮の代表となったことは、すでに述べた通りである。特に、沈約が首唱した音韻至上主義の文章は、その時の年号をとって「永明体」と呼ばれ、一世を風靡する勢を示した。梁に入ってからは、武帝の奨励もさることながら、その諸子の昭明太子蕭統、晋安王蕭綱（簡文帝）、湘東王蕭繹（元帝）など、いずれも文学の愛好者として知られ、各々文士を集めて保護し、梁代をして文学の黄金時代たらしめることに多大の貢献を致した。

中でも、武帝の長子の昭明太子蕭統は、少年より秀才の誉れ高く、三才にして孝経論語を受け、五才にして五経を遍ねく読み、悉く諳誦したといわれる。また父武帝にならって仏教を尊び、自ら仏経に親しむことはもちろん、宮内に慧義殿を立てて法集の所となし、名僧を招いて談論に時を過した。かように太子は儒仏二道に通じていたが、しかしその本領は、やはり詩文にあった。自ら詩文に長じていたことは言うまでもなく、また当時の代表的な文士、彭城の劉孝綽、陳郡の殷芸《いんうん》、呉郡の陸倕《りくすい》、琅邪の王筠《おういん》、彭城の到洽らを招いて、賓客の待遇をし、しばしば文章談論の会合を催した。そのうちでも劉孝綽の文章は、当時の熱狂的な歓迎を受け、一篇を作る毎に、朝に成って夕べには遍ねしという有様であり、諷誦伝写して、遠く異域まで伝えられた。しかも、その兄弟群従子姪を合せて七十余人、尽く文章を能くするので知られ、文学全盛の時代とはいえ、さすがに異例のこととされた。これらの文学者を網羅した昭明太子の宮邸は、梁の前半期を通じて、最大のサロンとしての役割を果した。梁書によれば、「時に東宮には、書幾《ほと》んど三万巻ありて、名士並びに集る。文学の盛なること、晋宋以来、未だこれ有らざるなり」という有様であった。昭明太子の撰にかかる「文選《もんぜん》」三十巻が、後世の文学に与えた影響については、いまさら言うまでもないことであろう。

武帝の第三子の晋安王蕭綱、のちの簡文帝も、またその兄昭明太子に劣らぬ文学的才能に恵まれた人であった。六才にして文をよくし、さすがの武帝もその早熟に驚いたという。

読書十行ともに下り、九流百氏の書は、ひとたび眼を通せば必ずこれを記憶し、篇章辞賦は、筆を執れば忽ちにして成り、学は玄儒を兼ぬといった、典型的な貴公子である。その晋安王時代には、当時の文章の士、南陽の庾肩吾《ゆけんご》、東海の徐摛《じょち》、呉郡の陸杲《りくこう》、彭城の劉《りゅう》遵《じゅん》・劉孝儀・劉孝威らを招いて、しばしば詩文の会合を催した。中大通三年に、兄の昭明太子が薨じたあとを受けて、太子の位を継ぐとともに、東宮内に文徳省を設け、学士を置くことになった。いわば制度化されたサロンである。その学士となったものは、庾肩吾の子の庾信、徐摛の子の徐陵、呉郡の張長公、北地の傅弘、東海の鮑至など、当代一流の詩人、文章家であった。これら東宮に集った文士を中心として成立した文体が、いわゆる「宮体」であって、これは前朝の南斉において沈約が四声を用いて創始した「永明体」よりも、一層音韻を重んじ、靡麗の度を加えたものであり、しばしば軽艶に傷むという批評を蒙ったものであった（簡文帝紀・庾肩吾伝）。

梁代の文学者のサロンは、このような王室のものだけに限られず、士大夫を中心にしたものもあった。当時、御史中丞の官にあった任昉《じんぼう》の邸宅などは、その代表的なものの一つである。任昉は梁代随一の文章家として知られ、沈約の詩と相対して、「任筆沈詩」と呼ばれたほどであったが、同時に後進を推挙することに熱心であったので、その門には衣冠の貴族が雲集し、坐上の賓客は常に数十人に登るという盛況であった。なかでも彭城の劉孝綽、呉郡の陸倕、陳郡の殷芸、呉郡の到溉・到洽兄弟、沛郡の劉顕などは、特に任昉に愛せられ、その宴集は「龍門の遊」、「蘭台の聚」などと呼ばれた（任昉・陸倕・到漑各本伝）。

かような上下をあげての文学への傾倒は、ここに未曾有の文学全盛の時代を現出することになった。隋の李諤は、当時の有様を批評して、次のように述べている。「南朝斉梁の時代に入ると共に、詩文を尊ぶ風がいよいよ盛になった。貴賤賢愚を問わず、ひたすらに吟詠に務め、一韻の奇を競い、一字の巧を争う、という有様となった。そのおびただしい詩文の原稿は、山水風月の形容のみで埋められ、道義に説き及んだものは全く見られない。世間もこれを尊重するばかりでなく、朝廷もまた詩文によって士を登用するのであるから、文学は禄利と結びつくことになり、いよいよ人気を集めることになった。その結果、貴賤の別なく、子弟は初学入門の書も学ばないうちに、五言詩を作る有様である。聖人の教などは耳にも入れず、儒学は古臭くて野暮なものと考え、詞賦こそ君子の業であるとするようになった」（隋書本伝）。陳郡の謝貞は八才のときに、春日閑居と題する五言詩を作ったが、そのうちの一句、「風定花猶落」の一句は、その従舅にあたる王筠《おういん》を痛く感動させたという話がある（陳書）。その詩の格調の高さに驚かざるを得ないとともに、もしこれが八才の児童の心境とすれば、まことに恐るべきことではないか。

かくて梁代の文学は、儒学の精神はもちろんのこと、魏晋以来、その拠り所としていた玄学の精神とも絶縁して、ひたすらに文字音韻の排列によって音楽的な効果を狙う、形式主義に徹底した。文心彫龍にいう「荘老退くを告げて、山水はじめて滋し」とは、ひとり文学の題材が老荘から山水に移ったことを意味するばかりでなく、文学が老荘の精神といった夾雑物を振り棄てて、ひたすらに形式の美を追う芸術至上主義に徹底したことを意味するものであろう。これは南朝の士大夫が、魏晋の老荘的野性を失い、貴族的洗練を完成していった事実に対応するものにほかならない。形式の美という狭い殼のうちに閉じ籠り、外界との接触を絶ち切った文学至上主義は、政治的関心を失い、行動的意欲を失った南朝士大夫の精神にふさわしいものであった。

そもそも文章の技巧の末に専念することは、漢代においては、童子の学ぶところにして、壮夫のなさざるところであった（法言吾子篇）。玄儒文史にわたる円満な教養を備えることを理想とした南朝においてさえ、一学一芸に偏することは、士大夫の堕落として見られた。経学すでに然り、書画琴棋みな然らざるはない。ひとり文学に関するかぎり、「一事愜当し、一句清巧なれば、神《こころ》は九霄よりも高く、志は千載を凌ぎ、自吟自賞して、さらに傍人あるを覚えず」（家訓文章）という恍惚境に入り得たのは、何故であろうか。玄儒文史が南朝人の教養の基本になっていたとは言うものの、実は文学だけが均衡を失するほどの比重を与えられていた結果にほかならない。貴族をして貴族たらしめる条件、士大夫を庶民から区別するカリスマは、何よりも文学にその頂点を見出したのであった。かくて南朝の士大夫は、玄儒文史の調和の立場に立ちながらも、次第に文学至上主義の方向へ傾いていったかに見える。

このような梁代文学の風潮から見ると、武帝自らの文学は、やや主流より外れている観がないではない。むろん武帝も文学を愛し、文章をよくする点では、人後に落ちるものではなかった。本紀によれば、「天情睿敏にして、筆を下せば章を成し、千賦百詩、直ちに疏して便ち就《な》る。みな文質彬彬として、古今に超邁す」といい、諸文集百二十巻があったという。また即位の始めより、知名の文学の士を招いて宴を張り（劉苞伝）、また辞賦を痛く愛好したところから、宮闕に文章を献ずる者が絶えず、その秀麗なるものには皆賞擢を賜ったというような事実から見れば（袁峻伝）、文学の保護者としての資格には欠けるところがなかったわけである。

しかし、それにも拘らず、武帝の文学の方面における業蹟は、その子の昭明太子や簡文帝には、ついに及ばなかったかに見える。これは主として、武帝が文学の新しい風潮に同調し得なかったことによるものである。はじめ沈約が「四声譜」を著わしたとき、彼はこの作品に非常な自信をもち、前人未踏の境地を開いたものとし、入神の作として自任していた。しかし武帝は、この四声譜に一向感心しなかった。あるとき帝は周捨に、「四声とは何のことか」と問うたところ、周捨は即座に、「天子聖哲がこれでございます」と返答した。天子聖哲は、平上去入の四声の順序を踏んでおり、見事な応答である。けれども武帝は、ついにこの四声譜を採用しなかったという（沈約伝）。また簡文帝が太子として東宮にあったとき、東海の徐摛《じょち》は文章の新体を創始し、東宮の学士は尽くこれを学んだので、いわゆる宮体の名称が生れた。ところが、武帝はこの新体の文章を好まなかったので、徐摛を召して叱責したことがある。しかし、いざ面接してみると、徐摛の応対ぶりは誠にあざやかであったので、武帝の怒りも少しく和らいだ。そこで試みに五経の大義を問い、次には歴代の史および百家の雑説を、最後には仏教の教義について質問したところ、徐摛は応答響くが如く、縦横に論じ尽したので、武帝も大いに感心し、その後は寵遇を加えるようになったという。

この挿話を通じてわかることは、武帝が新流行の永明体や宮体などの、形式至上主義の文学を喜ばなかったこと、そしてそれにも拘らず、もしその文学が、玄儒文史の序列のうちで正しい位置を占めているならば、その価値を是認するに吝さかでなかった、ということである。もともと南朝の士大夫は、その教養が玄儒文史にわたり、そのいずれにも偏しないことを理想とした。この調和の精神は、斉梁の時代に入って、ようやく破綻を見せ、次第に文学至上主義に傾いていったかに見える。ところが武帝は、最後まで伝統的な調和の精神に忠実であった。武帝は文学を尊重しつつも、それが教養において余りにも過大な比重をもち、その調和を破ることを恐れた。宮体の詩を喜ばなかったのも、それが妖艶の美を追求するあまりに、耽美主義に陥る危険を感じたからであろう。

この武帝の調和主義の立場を示すものとして、玄儒文史の以外に、いわゆる雑芸を尊重し、これを身につけていた事実をあげることができる。もともと六朝の士大夫は、魏晋以来、人間的な豊かさを重んずる立場から、従来は工人のわざとして軽蔑されていた書画琴棋の雑芸をも、士大夫の教養の一部として重要視するようになった。書における王羲之父子、画における顧愷之《こがいし》、彫刻における戴逵《たいき》父子など、いずれも第一級の芸術家であり、かつ第一流の貴族士大夫であった。しかも彼等は一技一芸に限定されることを好まなかった。けだし、彼ら士大夫は、一芸を専門とする工人とは異なり、芸術を以って人間性を豊かにするためのもの、言いかえれば教養を広くするためのものと考えていたからである。したがって、彼等は雑芸をなるべく広い範囲にわたって修めることを理想とした。顔之推なども、算術を始めとする雑芸が士大夫の教養として必要であることを認めながらも、「然れども以て兼明すべく、以て専業とすべからず」と戒めている（家訓雑芸）。魏晋には多才多芸の文人が輩出したが、梁代においてもその例に乏しくなく、河東の柳惲《りゅううん》などは、その典型的な人物の一人である。柳惲は、士大夫の第一条件たる詩文に秀いでていたことは勿論のこと、特に弾琴においては父親ゆずりの名手であり、琴の演奏法として「撃琴」を発明し、「清調論」の著があった。また奕棋の名手として知られ、梁の武帝の命を受けて、「棋品」三巻を撰し、当時の高段者二百七十八人を格づけしている。また投壺・博射の芸においても、時人に絶するものがあったばかりでなく、さらに占術においては「十杖亀経」の著があり、医術を好んでその精妙を極めるという、多芸ぶりを示した。梁の武帝は、かつて柳惲を評して、「その才芸を分てば、十人分は出来るであろう」と言ったという。

その武帝もまた、多才多芸の人であった。本紀によれば、つぶさに六芸にならい、棋は逸品に登り、陰陽緯候、卜筮占決、みな長ぜざるはなく、また「金策」三十巻を撰し、草隷尺牘、騎射弓馬に至るまで、その妙を尽したという。このうち棋については、文士の到溉と徹夜の手合わせをし、その秘蔵する奇石と礼記一部を賭ちとった、という話がある。到溉の棋は第六品であったということであるから、もし手心を加えていなかったとすれば、武帝の技も相当のものであったのであろう。また武技については、北魏の雄将の羊侃が帰順して、御前に稍《ほこ》を揮って妙技を示したとき、武帝は感慨をもらして、「朕も若い時には、卿に負けない腕前があったつもりだ。今ではそのことも忘れてしまったが、しかし見ていると、思い出すことも多い」と語っている。

かように武帝は、玄儒文史において、また雑芸において、行くとして可ならざるはなき才能を示し、南朝最高の教養人としての資格を具えていた。殊に当時の士大夫が、玄儒文史の調和ある教養を尊重しながらも、次第に文学至上主義に傾いて行ったのに対して、武帝は最後までその調和の立場を棄てようとはしなかった。この意味では、武帝は魏晋以来の伝統たる調和主義の保持者であり、六朝風の教養人の型を最後まで崩さなかった人である、とも言えよう。

しかし、武帝の調和主義、教養人の立場を、危うくさせるかに見える唯一つのものがあった。それは、ほかならぬ仏教への傾倒である。

六　武帝と仏教

梁の武帝といえば、直ちに仏教を連想するほどに、帝と仏教との関係は深い。けれども武帝も、実は最初からそれほどに熱狂的な仏教信者であったわけではなかった。むろん、この時代の知識人の常として、最初から仏教の信仰を抱いていたのは明らかであり、殊に武帝が青年時代に強い影響を受けた斉の竟陵王蕭子良が、熱心な仏教信者であったことを思えば、武帝もまた早くから仏教にひかれていたことは疑うべくもない。しかし、それにも拘らず、壮年時代までの武帝は、ひたすらに仏教に傾倒するというほどのことはなかった。このことは、武帝がその即位の初期まで、道教を信奉していた事実によっても証明することができる。

道教は、すでに魏晋の頃から、士大夫の間にかなりの信者を獲得していた。この頃は、まだ道教が宗教としての組織を確立していないで、神仙説と呼ばれていたのであるが、東晋の葛洪は、その著「抱朴子」によって、神仙術の理論化を試みている。これは、従来無智な民衆の間にだけ行われていた神仙説を、新たに知識階級の信仰として迎え入れるためには、必要な手続きであったといえよう。しかし士大夫のうちには、そうした理論化の手続きを待たないで、後漢末以来の民間信仰を、そのままに受け容れたものも少くなかったようである。たとえば、東晋では、陳郡の殷仲堪や高平の郗愔《ちいん》などが天師道を奉じ、書家として有名な琅邪の王羲之一族や、琅邪の孫泰・孫恩が、五斗米道を奉じていたといわれるのがそれである（晋書）。特に注目をひく事実は、この時代の道教が、すでに家の信仰として、子孫代々に伝えられるまでになっていることである。王羲之・孫恩・杜京産などの場合がそれであって、なかでも中山の李先の家は、五六代にわたって道教信者を出しているほどである（北史）。南斉の時、会稽の孔稚珪が、竟陵王蕭子良にあてた書を見ると、自分が仏教の深義を慕いながらも改宗できないでいるのは、黄老の教が先祖代々の信仰となっているので、これを棄てるに忍びないからである、と告白している（弘明集）。しかも、その信仰は単に形式だけのものでなく、孔稚珪の父孔霊産などは、退官後は禹井山に館を立てて道を専らにし、「吉日には静屋において、四向朝拝し、悌泗滂沲たり」といったような、真剣な信仰ぶりを示している者もあるほどである（南斉書）。

このような時代の空気に育った武帝が、若い頃から道教に関心を寄せていたとしても、不思議なことではない。武帝は南斉の時代、まだ士大夫の身分であった頃、当時の高名な隠者陶弘景と親交があった。陶弘景は自ら華陽の陶隠居と号し、陰陽五行、風角星算、山川地理、方図産物、医術本草に明るいという博学の人物であり、一時は斉朝に仕えて奉朝請の官に至ったのであるが、のち句容の句曲山に隠れ、名山を偏歴して仙薬を求めるという、道士の生活を送ることになった。その著述は甚だ多いが、中でも「真誥」二十巻が最も有名である。梁の武帝が始めて革命の軍を起したとき、図讖の数所に梁の字を成すものがあるのを引いて、弟子をして武帝に進上させたという。武帝即位の後も、恩礼いよいよ篤く、使者や書問の絶えることがなかった。あるとき陶弘景が神丹を作るための薬物が入手できなくて困っていると、武帝は黄金朱砂などの材料を送り届けさせたことがある。のち飛丹が完成し、武帝がこれを服用すると効験があったので、ますます敬重されることになった。武帝は陶弘景を側近に招きたいと思ったが、応ずる色がなかったので、やむを得ず、国家に吉凶征討の大事があるときには、あらかじめ陶弘景の意見を聞くことにし、毎月数回の使者を派遣したから、時人これを「山中宰相」と称えたという（南史）。

ここで問題になることは、当時すでに仏教の信仰を懐いていたはずの武帝が、何故に道教に対して、これほど同情的であったかということである。六朝時代の道仏二教の関係を見ると、かなり激しい反撥があったことは、弘明集などを通じても知ることができる。けれども他面においては、道仏の調和の立場を採るものも、また必ずしも稀れではなかった。

例えば南斉の張融は、その「門論」において、道仏は本同じくして跡異なるとし、「汝、仏跡に専ら遵《したが》ひて、道本を侮ることなかるべし」と説いている（弘明集）。陶弘景もまた、この道仏調和の立場にあった人で、かつて仏が夢の中に現われ、菩提記を授け、勝力菩薩の名号を与えたので、直ちに阿育王塔に行き、自ら誓って五大戒を受けたという（南史）。その著「真誥」についても、朱子語類に、「真誥の甄命篇は、仏家の四十二章経を窃んで作ったものであり、地獄託生などの妄誕の説は、みな仏教中の至鄙至陋なる者を窃んで作ったものである」と批評しているように、仏教の影響を深く受けていることがわかる。また陶弘景には、孝経論語集注の著があるところから見れば、全体として三教調和の立場にあったものと言えよう。即位初期までの武帝もまた、このような三教一致的な方向にあったものと考えられる。

然しながら、儒仏の関係は暫らく別として、道教と仏教とは、果してそのように容易に結びつき得るものであろうか。いうまでもなく、道教の究極の目的は、不老長生ということにある。それは仏教の、涅槃常住の説とは、本質的に異なったものでなければならない。高僧伝の慧遠伝に、「これよりさき、中土いまだ泥洹常住の説あらず、ただ寿命の長遠を言ふのみ」とあるのは、道仏の理想の世界が異なることを、明らかに意識した言葉である。涅槃常住の世界は、時間的に無限であることを意味せず、むしろ時間的な連続から脱却するところに、始めて生れる境地でなければならない。現世の単なる延長は、迷妄の延長以外の何物でもない。道教に欠けているものは、自我否定の精神であり、現実超克の精神である。さればこそ、「仏法は有生を以て空幻となす、故に身を忘れて物を済《すく》ふ」ものであるのに対して、「道法は吾我を以て真実となす、故に服餌して以て生を養ふ」と批評される理由がある（広弘明集・二教論）。道教が救いとする境地は、仏教にとっては最大の迷いにほかならぬ。もし道仏の何れかの信仰に徹底するならば、二教の一致などということは、不可能であるといってよいほど、困難な事柄にならざるを得ないはずである。

果して、梁の武帝も、仏教の信仰に徹底するようになってからは、有名な「捨事李老詔」を出して、道教に対する訣別を宣告することになった。この詔勅は、武帝即位の三年目、天監三年（五〇四）の釈尊生誕の日にあたる四月八日を期して発せられたものであった。それは通例の詔勅の型を破り、すこぶる激越な調子のものであり、「むしろ正法の中に在りて、長く悪道に淪《しず》むとも、老子教によりて暫らく生天を得るを楽《ねが》はず」といい、その覚悟の唯ならぬことを示している。このとき、武帝は道俗二万人を重雲殿に集め、その面前においてこの詔勅を発したのであって、その決意のほどを思わせるものがある。越えて同月十一日、門下省に勅して、「老子周公孔子等は、これ如来の弟子なりと雖も、化迹すでに邪なり。ただこれ世間の善のみにて、凡を革めて聖を成すこと能はず。それ公卿百官侯王宗族よ、宜しく偽より反りて真に就き、邪を棄てて正に入れ」と命じている。ここでは、ただに道教だけではなく、合せて儒教をも、その世間道徳に局限せられていることを理由に、一挙に棄て去ろうとする気配が窺われ、甚だ注目をひくに足るものがある。それは暫らく別問題としても、武帝の仏教に対する傾倒ぶりは、この時を境として、急激な上昇を示していることは疑えない。同じ詔勅は、さらに引き続いて、「もし外道に事ふるの心重く、仏法の心軽ければ、即ちこれ邪見なり。もし心一等なれば、これ無記性にして、善悪に当らず。もし仏に事ふるの心強く、老子の心弱ければ、乃ちこれ清信なり。清信と言ふは、清とは、これ表裏ともに浄く、垢穢惑累みな尽くるものなり。信とは、これ正を信じて邪を信ぜざるなり。故に清信と言ふ。仏弟子よ、その余は皆これ邪見にして、清信と称するを得ざるなり」と断じている（広弘明集）。もっぱら仏教ひとすじの信仰に生きることを清信とする立場、それが三教調和の思想と相容れないことは、もはや明らかである。

けれども、この事実から、あたかも三武一宗が仏教に加えたような迫害が、道教に対して行われたと想像することは早計であろう。武帝は比類まれな寛容の精神の持主であった。道教の信仰を棄てたことは、必ずしも直ちに道教への迫害と結びつくものではない。現に、前述の道士陶弘景などについて見ても、武帝の交誼は変るところがなく、大通初（五二七）に至っても、陶弘景から二刀を献上しているほどである。ただ仏祖統紀をみると、天監十六年（五一七）に至り、勅して天下の道観を廃し、道士を還俗せしめた、という記事がある。この記事に関しては、同じことが他の文献に見当らぬこと、また天監十六年というのは、廃道詔が出てから十数年の後であること、といった不審の点が残されている。かたがた仏祖統紀は遥か後世の南宋時代の撰述に係るものであり、事実を誤りなく伝えたものとは保証しがたい。たとえ、これに近い事実があったと仮定しても、北朝の君主に見られるような、武断的な宗教迫害が行われたとは信じがたいものがある。

ともあれ、仏教に傾倒してより後の武帝は、まことに皇帝菩薩の名に恥じないものがあった。その在位四十八年間に創建した寺院は、愛敬寺・智度寺・新林寺・法王寺・仙窟寺・光宅寺・解脱寺・開善寺などを始めとして、おびただしい数に登った。なかでも京師の同泰寺は最大の規模を具え、数々の大法会や、捨身などの法事は、主としてここに行われた。郭祖深の上書によると、当時の首都建康の寺院だけでも五百余所、僧尼の数は十余万に登り、地方の郡県に至っては、その数を知らぬといった有様であった（南史）。武帝はまた盛んな大法会を営んだが、なかんずく同泰寺で数次にわたって催された四部無遮大会は最大の規模をもつもので、中大通元年（五二九）の大会などは、実に道俗五万人を集めて行われたという（南史）。この儀式には、僲象なども参加していたらしく、大通五年の大会のときには、南越から献じた象が狂奔したために、乗輿儀衛に至るまで驚散するという珍事を起したことがある（臧盾伝）。また仏教の教理に深く通ずるところのあった武帝は、しばしば同泰寺に講筵を開き、自ら法座に登って涅槃経・般若経・三慧経などを講じた。かくて上のなすところ、下これにならうの言葉の通り、梁朝の上下をあげて仏教に帰依し、南朝における仏教の黄金時代を現出することになった。

しかし、このような盛大な造寺造塔の事業や、法会講経の盛行も、実は南北朝の王室に共通した現象であって、ただ武帝はそれを特に大規模に行ったまでのことであり、いわば程度の差が見られるに過ぎない。梁の武帝を歴史上に有名にしたのは、何としても捨身の行事であろう。元来、捨身は法華経・金光明経などの大乗経典に見える菩薩の慈悲行の一つであって、身を殺して衆生に施し、或は報恩のために燃身焼臂を行うものである。中国においても宋斉以後、特に法華経薬王品の故事に従って、焼身や割肉を実行した僧侶が往々にしてあったことは、高僧伝の忘身の条に見える。けれども、このような自殺にひとしい捨身は僧侶の間だけに見られるものであって、仏教信者の士大夫が行った捨身は、遥かに形式化されたものであった。広弘明集に引かれた梁の沈約の捨身願疏によれば、同志の士百人とともに、八関斎、即ち一日一夜の間、八戒を守って僧侶に同ずる法事を行い、これを機会として、「身資服用百有一十七種を捨て、微《すこ》しく自ら損撤し、以て現前の衆僧を奉ぜん」とするのである。同じく南斉の南郡王の捨身疏は、「敬みて肌膚の外、凡そ百一十八種を捨つ」といい、南斉の文恵皇太子の解講疏には、「敬みて宝軀および輿冕、纓より以降、凡そ九十九物を捨つ、願はくは此の力を以て、普ねく幽明に被らしめん」と述べている。肉身及び財物衣服を三宝に喜捨するという意味での捨身の形式は、すでに武帝以前において成立していたことがわかる。

　ただ、このうちの肌膚ないし宝軀を捨つと言っているのは、具体的には何を意味するか、必ずしも明瞭ではない。これを武帝自身について見ると、南史本紀の中大通元年の条に、「九月癸巳、同泰寺に幸して、四部無遮大会を設く。上、御服を釈《す》て、法衣を披《まと》ひ、清浄の大捨を行ふ。便省を以て房と為し、素牀瓦器、小車に乗じ、私人として執役す」とある。ここに言う私人とは、詩経の大雅崧高に見える私人の語と同様の意味をもつものと考えられ、それは毛伝にいう「私人とは家臣なり」の意であろう。臣はまた臣隷、臣僕に通じ、奴隷の意味を持つものであるから、「私人として執役す」とは、奴隷となって労役の奉仕をすることを指すものと思われる。さればこそ、ひき続いて、「癸卯、群臣銭一億万を以て皇帝大菩薩を奉贖して大捨するに、僧衆黙許す」と言っているのであって、奴隷を贖う形式を以て、武帝を寺から連れ帰ったわけである。かような形式の労役奉仕は、すでに南斉のとき、武帝と交遊のあった竟陵王蕭子良が行っているのであって、王は兄の文恵太子とともに深く仏教に帰依し、しばしば邸園に朝臣衆僧を集めて斎戒を営み、王自ら賦食行水のことに当ることがあったので、宰相の体を失うという譏りを受けたほどであった（南斉書）。これは捨身までには至らぬにしても、それに近いものであったことが窺われる。文恵太子や沈約の場合は、明らかに捨身の形式を採っているのであって、この意味からいえば、武帝は当時の士大夫間の流行に従ったまでであるとも言えよう。ただ、それが帝王の身分において行われたところに、問題の大きくなる理由があったわけである。

武帝は在位中に、三回ないし四回の捨身を行った。第一回は、帝の即位二十七年目の大通元年（五二七）のことであり、帝の六十四才の時にあたる。この時は、三月辛未の日に同泰寺に行幸して捨身し、同月甲戌の日に宮に還り、大赦改元を行ったというから、捨身の期間は、四日である。第二回は、翌々年の中大通元年（五二九）で、南史の梁武帝紀を引用すると、「九月癸巳、同泰寺に幸し、四部無遮大会を設く。上、御服を釈《と》き、法衣を披《まと》ひ、清浄の大捨を行ふ。便省を以て房となし、素牀瓦器、小車に乗り、私人として執役す。甲午、講堂の法坐に升り、四部の大衆の為に涅槃経の題を開く。癸卯、群臣、銭一億万を以て皇帝大菩薩を奉贖して大捨す。僧衆黙許す。乙巳、百辟、寺の東門に詣り、表を奉りて還りて宸極に臨まんことを請ふ。三たび請ひて乃ち許さる。帝の三答書、前後並びに頓首と称す。冬十月己酉、また四部無遮大会を設け、道俗五万余人会す。畢りて帝は金輅に御して宮に還る。太極殿に御し、大赦改元す」とある。この時の捨身は、九月癸巳より十月己酉まで、十七日間にわたっている。第三回は、中大同元年（五四六）であるが、これには少しく問題があって、梁書には、「三月庚戌、法駕同泰寺に出でて大会し、寺省に停まり、金字三慧経を講ず。夏四月丙戌、同泰寺に於いて講を解き、法会を設け、大赦改元す」とあるのみで、捨身のことには触れていないが、南史では金字三慧経を講ずるの後に、「仍りて施身す、夏四月丙戌、皇太子以下奉贖す」といい、捨身が行われたとしている。通鑑梁紀の本文は梁書に従って捨身の事を省略しているが、その考異には、「典略に云ふ、癸卯、詔すらく、今月八日を以て、同泰寺に於いて無遮大会を設け、朕の身を捨て、及び宮人幷びに王たる所の土を以て、三宝に供養せんと。四月丙戌、公卿銭億万を以て奉贖すと。按ずるに韓愈の仏骨表に云ふ、三度捨身して、寺の家奴となると。若し此を幷せば四度なり。今は梁書に従ふ」と述べている。恐らくは四度とするのが正しいのではあるまいか。もしこのとき捨身が行われたことが事実とすれば、その期間は三十七日で、前回よりも二十日長いことになる。第四回は、太清元年（五四七）で、これは侯景の乱の起る前年である。この時は三月庚子より四月丁亥に至る四十三日間で、前回よりも更に六日間延長されて居り、次第に期間が長くなっていることがわかる。もっとも梁書では捨身を直ちに三月庚子に置いているのに対して、南史は庚子に帝が同泰寺に行幸して、「清浄の大捨を行ひ、名づけて羯磨《かつま》といふ」と述べて置きながら、「乙巳、帝、光厳殿の講堂に升り、師子に坐し、金子三慧経を講じて、捨身す」といい、羯磨と捨身とを区別しているかに見える。或は儀式の名称、ないしは内容に、幾分の変更が行われた結果であろうか。

ここに特に注目をひく事実は、南史に「丁亥、袞冕を服し、輦に御して宮に還る。太極殿に幸し、即位の礼の如くす」と述べていることである。捨身が三宝の奴となることを意味するからには、天子の身分が捨てられることになるのは自明の事柄ではあるが、いまそれが形の上にも明確に示されることになったわけである。捨身の終了が常に大赦改元を伴っていることも、それが国家的な重大事であったことを示すものであるが、即位の礼を繰り返す以上は、当然のことであったと考えられる。通鑑の胡三省の注は、大清元年の捨身の条下において、「庚子の捨身より丙子の奉贖に至るまで、凡そ三十七日なり。万機の事は一日も曠廃すべからず、しかも仏に荒すること是の如し。帝、天下を忘れたり。三十七日の間、天下君なしと為《おも》ふを知らず、天下もまた君を忘れたり」と、感慨を洩している。天子の捨身は、一時的にもせよ、無君の状態をもたらすものであった。戦国の群雄割拠の時代ならば、いざ知らず、平和の時代において君主の空位が繰り返されることは、中国の歴史において空前絶後のことと言わねばならない。武帝に対する後世の儒者の非難が、捨身を中心としていることは当然のことであろう。しかも武帝の当時においては、帝の信仏の行き過ぎを非難した者はありながら、捨身を問題にしたものが見当らないのは、当時の常識がこれを是認していたとも見られる。

ところで、この武帝の捨身の儀法が、何に基いて作られたか、という問題がある。このことに関しては、横超慧日氏がすでに論証されるところがあり、天監十一年（五一二）に僧伽婆羅の訳出した阿育王経十巻がその典拠であることを示された（東方学報第十一冊、「支那仏教に於ける国家意識」）。その典拠となるものは半菴摩勒施僧因縁品の、「また阿育王は、唯珍宝を留むるのみにて、一切の大地宮人大臣鳩那羅および自身を以て、悉く衆僧に施し、また四十万金を以て衆僧に布施す。また無数の金を以て、此の大地乃至自身を贖ひ、のち九十六千万金を以て衆僧に布施す」とあるのが、それであるという。歴代三宝紀巻十一によれば、この阿育王経が初めて訳出されたとき、武帝は自らこれを筆受したといわれているから、この経に深甚の関心を持っていたことは明らかである。また通鑑考異に引く典略に、「朕の身を捨て、及び宮人幷びに王たる所の土を以て、三宝に供養せん」という詔を載せているのは、因縁品の本文にすこぶる近いものがある。恐らく武帝の捨身は、この阿育王経の訳出に負うところが大であったことは確実であろう。けれども、武帝の捨身が専らこの阿育王経の示唆によるとも断定しがたい節がある。前述したように、南斉の文恵太子・南郡王および沈約なども捨身を行っているのであって、しかもそれは阿育王経の訳出に先立つものである。これらの捨身も何らかの典拠に基いているものと考えられる。さすれば僧伽婆羅訳の阿育王経の以前に、捨身の儀法を規定した文献が、すでに存在していたことを想定せざるを得ない。ただ今日からそれを知ることは甚だ困難である。

かようにして数次にわたる捨身は、梁の武帝をして稀有の仏教天子、皇帝大菩薩たらしめ、その名を永く後世に伝える機縁となった。けれども、果して捨身の行事は、武帝の仏教者としての真の面目を発揮して遺憾のないものであるか、なお別問題が残っていないわけではない。なるほど天子として捨身を行ったのは武帝が最初であるが、しかし皇太子や諸王の身分でこれを行ったのは、前代にすでに先例がある。のみならず、次の陳朝に至っては、早くも捨身が儀礼化し、武帝・文帝・後主など、いずれも捨身を行っている（陳書本紀）。特に後主は、即位の年に一たび捨身を行ったのちに、禎明二年（五八八）、狐が牀下に入り、捕えようとして姿が見えなかったところから、これを妖変の前徴と考え、自ら身を仏寺に売って奴となり、その災異を禳《はら》おうとしたことがある。このように捨身は儀式化、儀礼化する契機を多分に内蔵しているのであって、ただそれだけの事実を以てしては、内心よりの仏教信仰の存在を証明するには不十分である。それでなくとも、後世より武帝の仏教信仰の真実性を疑う者が少くないのであって、その盛大な造寺造塔の事業や捨身は、南朝特有の儀礼尊重の風の現われに過ぎぬといった見方が有力である。達磨大師が最初に江南に至って武帝と面会しながら、共に語るに足らずとして北方に去って行ったという伝説なども、武帝に対する不信用から生れたものであろう。とすれば、武帝の仏教信仰の真実性を証明するためには、なお他の資料が必要となる。

その手がかりの一つとして、武帝の仏教学に関する造詣の深さを問題にしてみよう。まず帝の仏教に関する著述としては、梁書本紀や広弘明集・続高僧伝・出三蔵記集などに見えるところによると、制旨大涅槃経講疏百一巻・大品注解五十巻・三慧経講疏・浄名経義記・制旨大集経講疏十六巻・発般若経題論義並問答十二巻などがある。このうち浄名経および大集経は暫く別として、大品は言うまでもなく大品般若経であり、三慧経は大品般若経の第七十品であるから、武帝の撰述の中心となったものは般若経であることが窺われる。殊に帝の第三回および第四回の捨身の場合には、いずれも金字三慧経を講じているところから見れば、その晩年の思想が般若経を中心としていたことは、ほぼ疑いのないところであろう。ただ、これらの撰述はいずれも散佚しているので、般若皆空の思想が、どのような形で武帝の人生観のうちに受け容れられていたかは明らかでない。或は顔氏家訓にいうように、梁代は三玄の風が復興した時代であり、武帝自らも老子の無の思想を高く評価していたのであるから、そうした玄学隆盛の機運に影響されるところがあったのであろうか。或はまた、当時ようやく隆盛の機運にあった三論宗に刺激されたものであろうか。要するに想像の域を出ることはできない。

これに反して、涅槃仏性の説に関する限り、断片的な論述を通じてではあるが、かなり明瞭に武帝の立場を窺い知ることができる。武帝はその注解大品経序において、「涅槃はこれその果徳を顕らかにし、般若はこれその因行を明らかにす」といい（出三蔵記集）、般若経が皆空否定の道であるのに対して、その否定の極において現われる妙有の境地が、即ち涅槃仏性の説である、という解釈を採っているかに見える。この論理から言えば、般若経から涅槃経に移るのが順序のように思われるのであるが、事実はその逆で、武帝は先ず涅槃経に傾倒した。即ち宝亮に勅して涅槃義疏を撰せしめたのは天監八年のことであり、第二回の捨身の際に講じたのも涅槃経である。続高僧伝の義解篇に、「武帝は涅槃に注解せしも、情用未だ慊《あきた》らず、重ねて大品を申べ、奥義を発明す」とあるのは、この間の消息を告げるものかと思われる。しかし、このことは必ずしも武帝が涅槃仏性の説を、般若皆空の義よりも軽く見たということにはならない。全体としての武帝の仏教思想は、涅槃経と般若経とに中心を置くものであったと言えよう。

それでは、武帝の涅槃仏性の説に対する見解は、どのようなものであったか。この武帝の仏性に関する見解を示すものとしては、弘明集所載の「立神明成仏義記」と、広弘明集の「浄業賦」とがある。これによって見ると、武帝の仏性に対する解釈は、古い儒家の性説、特に孟子の性善説に、本質的に繋がるものを持つように思われる。いうまでもなく仏性とは人間に内在するところの、仏たるの可能性を意味するものであるが、それは儒家でいうところの、何人も堯舜たり得る性の善なるものを持つという思想に、相通ずるものがあると言えよう。武帝はその「浄業賦」において、楽記の「人生れて静かなるは、天の性なり。物に感じて動くは、性の欲なり」の一句を引いて、「動あれば則ち心垢し、静あれば則ち心浄なり。外動すでに止めば、内心また明らかなり」といい、「人生るるの天性を観るに、妙気を抱いて清静なり。外物に感じて以て動き、欲心攀縁して眚《わざわ》いを成す。過ちは恒に外塵より発し、累は必ず前境に由る」。「既に客塵を除けば、自性に反還す」と述べている。全体としては、仏教的な発想法を用い、涅槃仏性の説に従いながらも、その根本においては、性善説に依拠し、罪悪の根源を外境に求める点において孟子に通じ、動静を性と欲との分岐点として重視することにおいて楽記の思想に通ずるものがあることがわかる。もし客塵や自性といった仏教的な用語を除くならば、この武帝の言葉は、後世の宋儒の性説と区別することは殆んど困難であろう。そこに見られるものは、微妙な儒仏調和の立場である。

かような儒仏調和の立場が、仏性の解釈に持ちこまれた場合、そこに正統の仏教思想とは、かなり異なった色彩が現われてくるのは当然のことであろう。武帝の「立神明成仏義記」は、このことを証明している。この小論は、一口に言えば人間の成仏の可能性の根拠を、いいかえれば仏性の所在を、霊魂の連続・不滅という事実のうちに求めようとするものである。もっとも武帝の主張する霊魂の不滅・連続というのは、常識的の意味のものとは、やや異なっている。単純な意味での霊魂の不滅を信ずる立場は、仏教では常見と呼び、霊魂の断滅を信ずる断見の立場とともに、迷妄として斥けられるものである。武帝の場合は、むろん断見ではないが、また単純な常見でもない。武帝によれば、神明、即ち人間の心・精神は、無常を免れないものである。無常なるが故に、心の内容は絶えず生滅を繰り返し、刹那も止まるところがない。もし心の本質・本性が、このように不連続なものであるとすれば、成仏ということは、遂にあり得ないものとなってしまうであろう。けれども心が生滅を繰り返し、不連続であるかのように見えるのは、心が境に対して作用するためであって、いいかえれば心の用の面だけに限られた現象である。もし心の本性、体を問題にするならば、それは終始一貫して変化しないものである。

それでは終始一貫して変るところのない心の本性とは何か。それは無明、即ち惑い《まど》にほかならぬ。そもそも無明、惑いの心を持つことこそ、人間が成仏するための機縁となるものである。土石のような非情のものには、無明心もなく、惑いもない。従ってまた、成仏の機縁もないということになる。さればこそ経にも、「心を正因と為し、終に仏果を成す」

といい、また「若し無明転ずれば、則ち変じて明を成す」といっているではないか。無明こそ、やがて明に至るべき必要な前提であり、迷いこそ、悟りに至りうる条件となるものである。この意味では、無明心即仏性とも言い得よう。経にもいう、「若し煩悩と諸の結倶する者は、名づけて無明となし、若し一切の善法と倶にする者は、名づけて明となす」と。心が煩悩と共にあるとき、これを無明といい、善法と共にあるとき、これを明と呼ぶ。もし煩悩や善法という境から切り離すならば、そこに一貫してあるものは心にほかならない。この一貫し、連続して変ることなき心こそ、仏性そのものである、というのである。

この武帝の仏性説、即ち成仏の可能性の根拠を、凡人の心、本性に求めようとする説は、仏教的であるよりも、より多く孟子風の性善説の伝統を受けたものであるとも言えよう。従って、それは一般の僧侶の、仏性に対する解釈とは、かなり調子の異なったものであったようである。均正（慧均僧正）の四論玄義（巻七）に、「第四は、梁武蕭天子の義なり。心に不失の性あり、真神を正因の体となす。すでに身内に在り、則ち木石等の心性に非ざる物に異る。この意の因中に已に真神の性あり、故に能く真の仏果を得。故に大経の如来性品の初にいふ、我とは即ち是れ如来蔵義なり。一切の衆生、仏性あり、即ち走れ我の義なり」と述べ、武帝の仏性説を紹介している。非情の木石とは異なる人間の心、環境に随って善悪のいずれにも染まり得る有情の心、この無明心の根底に仏性を見出したところに、武帝の説の特色があったわけである。

ところで、こうした凡人の心のうちに仏性を見出すといった立場は、果して仏教の、特に涅槃経の思想に忠実であると言えるであろうか。「漢魏両晋南北朝仏教史」の著者湯用彤氏は、武帝の仏性論を批評して、次ぎのように述べている。武帝のいう仏性とは、普通にいう霊魂を意味して居り、つまり心理現象に根拠を置いたものであって、その説くところは甚だ浅薄である。当時、士大夫の間では、霊魂の不滅という事実の上に、成仏の可能性を置くものが多かったのであるが、武帝もまたその風潮に従ったものにほかならない。その昔、竺道生は「生死中の我は、仏性我に非ざるなり」といったが、これが涅槃経の真義を得たものであって、つまり涅槃経にいう仏性とは、有無の対立を越えた妙有なのである。然るに武帝のいう我は、生死流転中の我であり、世俗にいうところの輪廻の鬼物に過ぎない。即ち武帝は、常識的な有の立場を離れないものであり、俗諦に堕したものである、というのである。この湯氏の批評が、確かに武帝の仏教学の弱点を衝いていることは認めなければならない。武帝のように、凡人の心・霊魂に仏性の根拠を置く立場では、霊魂の断滅するところ、仏性もまた消滅せざるを得ないという結果を招く。この難点を避けるためには、霊魂の連続・不滅という事実が、何としても必要であった。もともと、この武帝の「立神明成仏義記」が、当時の仏教徒を刺激した范縝の「神滅論」に対する反論として書かれたものであるとする湯氏の見解は、恐らくは正しいものであろう。成仏の根拠を、霊魂の不滅という事実の上に置くことは、実は武帝ばかりではなく、当時の士大夫の常識であった（拙論「六朝士大夫の精神」）。この意味から言えば、武帝の仏教学も、結局は士大夫の常識の延長上にあり、いわば素人臭を脱しないとも見ることができよう。

けれども、その故にこれを一概に浅薄なものとして極めつけることは、必ずしも公平な見方であるとは言えない。なるほど、武帝を始めとする南朝の士大夫が、結局は有の立場を離れ得なかったことは事実であろう。これを、絶対無の立場にある仏教から眺めるならば、相対の世界、有の世界に捉われた見解に過ぎぬ、と見られるかも知れない。然しながら武帝を含めた南朝の士大夫は、世間を棄てた出家の徒とは異なり、政治的現実の世界と絶縁することは許されない。彼等にとっては、有の世界の肯定ということは、絶対的な要請であった。というよりも、むしろ第一義的な要請であった。彼等が有の世界から出発して、有の世界の延長線上に永遠の世界を求めたのは、その立場からいって当然である。そこに儒教風の人間性の見方が、仏性観のうちに忍びこむという結果が生れたわけである。しかも武帝は、単なる心の連続、霊魂の持続という常見の立場を採るものではなく、不連続に即して連続を、無明に即して仏性を見出そうとするものであって、その立場はかなり複雑である。武帝の仏教学が、結局は有の立場を出ないからといって、浅薄にして採るに足らぬものとして斥けるには、なお問題があるように思われる。

かように武帝の仏教学には問題があるとはいえ、俗人としては相当高い水準にあったことは認めなければならないのであって、このことはまた同時に、武帝の仏教信仰の深さを測定するための一資料として役立つものであろう。しかしながら知識と信仰とは一応別個のものであるという見地に立てば、問題はなお残されていることになる。特に問題になることは、武帝が天子という特殊な地位にあったために、仏教信仰を看板として、これを政治的に利用したのではないか、という疑いが生じやすいことである。

帝王の仏教信仰のもつ政治性を問題にする場合、まず最初にあげられるのは、鎮護国家の思想である。仏法が国家を鎮護するといえば、仏法に護国の威力を認める点において、いかにも仏教中心的な思想であるかのように見えるけれども、実は仏教を護国の手段としようとするものであり、その意味においては国家中心的な思想である。それは仏教尊重の思想であるよりも、仏教を手段として利用しようとする思想である。武帝に果して鎮護国家の思想がなかったであろうか。この疑問に答えるためには、梁に次ぐ陳の帝室の仏教信仰と比較してみるのが便利であろう。陳の帝室、武帝・文帝・後主などは、梁の武帝の仏教帰依の形式をそのまま継承しており、いずれも捨身を行っているほどである（本紀）。けれども陳の諸天子は、仁王経・金光明経などの、いわゆる護国経典を尊重する点において、著しく鎮護国家の思想に傾いていたことがわかる。これに対して、梁の武帝の信仰の中心は、涅槃経・般若経などにあったのであって、それは護国思想とは無関係のものであった。のみならず武帝は、その注解大品序において、仁王般若経が疑経であることは世に既に定評ありとして斥けているほどである（横超氏前掲論文）。このことは、武帝の仏教学に対する理解の深さを示すとともに、護国思想の誘惑に乗らぬ、仏徒としての謙譲さを示すものであろう。

唯一つ、武帝の仏弟子としての謙譲さを疑わせるかに見える事実がある。それは大同年中に、武帝自らが白衣の僧正となり、天下の僧侶の取締りを断行しようとしたが、智蔵の強硬な反対にあって中止したという事実である（続高僧伝）。これを極く表面だけから見れば、政治上の支配者たる武帝が、仏法の世界にも君臨しようとする野心を抱いていた、というように解釈されるかも知れない。けれども、これにはまず当時の仏教界の現実を直視する必要がある。郭祖深の上書によると、当時、都下だけでも仏寺五百余所に登り、いずれも壮麗を極め、僧尼は十余万人に達し、巨万の富を擁していた。地方の郡県に至っては、数うるにいとまのないほどである。しかも寺院は多数の使用人を召抱え、尼僧は養女を蓄えているが、これらの人口は賦役を免除されるのであるから、国家の歳入は、その半ばを失っている状態である、という。これは実は梁代だけに限らない事実であって、南北朝時代を通じての重要な問題の一つであった。寺院が賦役を免除される特権を与えられていたために、いろいろな名目で寺院に籍を寄せる者が多く、これが国家財政に少からぬ損失を及ぼしていた。しかも寺院に対する寄進が多くなればなるほど、民衆の生活は窮乏し、ひいてまた国家の収入にも影響を及ぼすことになる。仏教全盛の時代において、往々にして排仏事件が起るのは、このような国家財政上の事情が原因の一つになっていることは見逃がせない。国政を預る責任者としての立場にある武帝としては、いかに仏教の愛護者であったにしても、その弊害を拱手傍観することが出来なかったのは当然であろう。むしろ武帝のような仏教信者が、自ら粛正に乗り出さざるを得なかったほどに、その弊害が深刻であったことを思わせるものがある。

のみならず、当時の僧侶は、戒律を無視して豪奢な生活を営む者が少くなく、しかもその取締りの任に当るべき僧正の官にある者が腐敗を極めていたことを思えば、武帝自らが白衣の僧正となって仏教界の粛正を計ろうとしたのは、まことにやむを得ない事柄であったと言うべきであろう。現に、武帝の断酒肉文を見ても、「弟子蕭衍、諸大徳僧尼・諸義学僧尼・諸寺三官に敬白す。それ仏法を匡正するは、これ黒衣の人の事にして、乃ち弟子白衣の急とする所に非ず。ただ経教にも亦いふ、仏法は大王に寄嘱すと。是を以て弟子、言なきを得ず」といい、僧侶の酒肉を断つことを要請している。それは仏弟子としての立場を守り、俗人としての限界を認めつつも、やむにやまれずして発せられた言葉である。その武帝が、自ら僧正の任に当ろうとしたのは、よくよくの事情があってのことと思われる。むしろ、武帝に反対して、これを阻止した智蔵こそ、そのエゴイズムを非難されてよいのではあるまいか。

このように武帝に鎮護国家の意識がなかったことは明らかであるが、さらに別の方面において仏教を政治的に利用したのではないかという疑問が残っている。例えば、当時の士大夫は一般に熱烈な仏教信者が多かったのであるから、天子自らがその範を垂れることは、人心収攬の上に効果があったのではないか、といった問題がある。しかし、このような意味での政治的効果の有無は実証することが困難であるばかりでなく、たとえあったとしても、それを意識的に利用したか否かということが、さらに問題にならざるを得ない。武帝の場合、そのような政治的効果は計算の外にあり、ただひたすらに信念に生きたと思われる節が多い。このことを、何よりも的確に示すものは、武帝の日常の生活態度である。

梁の武帝が稀有の仏教天子とされるのは、その捨身の行事や、仏教学に対する造詣の深さによることもさりながら、何よりも帝が仏道の行者であった事実による。その厳格な日常生活は、いかなる高僧も及ばぬほどのものであった。かつて儒臣の賀琛《がちん》なる者が、時事に関して上書し、奢侈の弊害について論及したとき、武帝は珍しく大怒し、一々これを反論した。その中に自己の日常生活を述べて、「朕は房室を絶つこと三十余年、女人と屋を同じうして寝ねざることもまた三十余年になる。居処に至っては、一牀の地に過ぎず、彫飾の物は一切用いない。生来、酒を嗜まず、音楽もまた好むところでない。朝廷の宴会においても菜蔬のみで、牲牢を用いず、また音楽を奏しないのが常である。これみな諸賢の知るところであろう。朕は毎朝三更から起き出て事を治め、事少ければ中前に終ることもあるが、事多ければ日昃に至って始めて食に就くこともある。毎日一食が普通で、それも定まった時がない。昔は腰の太さも十囲以上あったが、今では痩せ細って僅か二尺あまりとなった」といっている（本伝）。梁書および南史の本紀の記述によっても、帝は政事に勤め、孜々として怠るなく、厳冬の候にも四更（午前二時）に起床し、燭下に筆を執るので、手はひびだらけという有様であった。日に一食するだけで、それも豆羹糲食に過ぎない。身に布衣をまとい、一冠三載、一被二年といった調子である。五十才以後は房室を絶ち、貴妃以下の女官も、衣が地を曳くということがなかった。酒も飲まず、音声を聞かず、宗廟祭祀や大会饗宴、および諸法事以外には、音楽の演奏もさせなかった。非常に礼儀正しい性質で、小殿暗室にあっても、常に衣冠を整えて正坐し、盛夏の暑月にも肌ぬぎになったことがない。走り使いの小臣に対する場合にでも、まるで大賓を遇するような態度であった、という。梁書はその人となりを評して、「古昔の人君を歴観するに、恭倹荘敬、芸能博学、これあること罕《まれ》なり」といい、絶讃を呈している。

もっとも、中国の天子のうちには、人気取りのために偽善者となる例が珍しくなく、美談もそのままには受取りがたい場合もある。武帝の場合は果してどうであろうか。その即位の初期には、南朝の伝統に従ったとはいえ、斉の明帝の五子を殺したり、或は東昏侯の妃の余氏を納れて寵愛するなど、後年の仁君ぶりとは、かなりの隔たりがあったことを思わせる。武帝が厳しい禁欲の生活に入るようになったのは、その五十才より後のことであり、そしてそれは仏教信仰の深まりに応ずるものであった。まことに五十を過ぎての武帝の性格は、信仰によって築かれて行ったものであると言ってよい。その日常生活の厳しさは、五十才より八十六才に至る晩年に属するものとはいえ、もはや偽善によっては支えきれないものがある。それは信仰に生きる者のみが示しうる、強い精神力の現われとして見るほかはないであろう。

以上のように、武帝の仏教信仰の態度を、いろいろな角度から見るとき、それが何等の政治的野心に結びつかない純粋なものであったことを認めざるを得ない。王法のために仏法を利用するなどということは、武帝の仏弟子としての自覚がこれを許さなかったと見るべきである。

最後に問題になることは、武帝が王法と仏法とを、どのような関係に置いていたか、ということである。いいかえれば、国家の政治と仏教信仰とが、どのような形で結びつけられていたかということである。一般に士大夫の道教や仏教の信仰は、いつでもその私生活だけに限定され、公の生活、官吏としての生活においては、依然として儒教の精神に支配されているのが常であった。顔氏家訓の著者の顔之推が、一方では深く仏教に帰依しながら、他方では忠孝の徳を強く主張していることなども、その一つの現われであろう。或はまた、六朝の正史の作者は、多くは熱心な仏教信者であったにも拘らず、その正史の記事においては、仏教に対する扱い方が甚だ冷淡であるかのような印象を与えている。これは正史という、国家の公式の記録においては、仏教のような私生活に限定されたものに紙数を割くべきではない、といった考え方があったためかも知れない。武帝の場合もまた、これと同じであったか否か。

全体としての武帝の立場が、儒仏の調和一致にあったことを思えば、少くとも国家の政治においては儒教の重要性を認めていたことは明らかである。このことは即位の初期、天監四年（五〇五）の詔にも現われており、「二漢の賢を登すには、経術に非ざるはなかりき。雅道に服膺し、名立ち行成れり。魏晋は浮蕩にして、儒教淪敗せり。風節の樹《た》つるなきは、そもそも此に由れり」と述べ、儒教精神の振興を強調している（儒林伝）。梁代が南北朝を通じての儒学隆盛の時代となったのは、武帝の奨励によることが大であった。また仏教に傾倒してより後の武帝も、儒学の研究を怠ることなく、多くの講疏や義疏もこの時期に作られている。少くとも即位の初期においては、国家の政治に関する限り、なお儒教の精神が優位に立っていたかに思われるのである。ところがその後、仏教への傾斜が甚だしくなるにつれて、この関係は次第に逆転の兆候を見せるようになった。

このことを端的に示すものは、大通元年（五二七）を初回とする捨身の行事である。これは前にも述べた通り、帝王の導きを屈して、たとえ一時的であるとはいえ、三宝の奴となることを意味する。仏法の、王法に対する優位を、これほど明白に示すものが他にあるであろうか。とはいえ、この事実に対しては、別の解釈が成立しないわけではない。捨身の場合には、一旦天子の身分を棄てた上で、三宝の奴となり、一定の期間を過ぎた後に、復び太極殿において即位の礼を行うのであるから、天子である時には奴ではなく、奴である場合には天子ではない。そこでは王法と仏法と、公人と私人との立場が、明確に区別されている、と。このような法理的解釈は一応可能であるばかりでなく、或は武帝自身もそのような心構えの下に行ったのかも知れない。しかしそれにも拘らず、実際の問題としては、仏法のためには王法も軽しといった心理的効果をもたらしたことは疑えない事実であろう。

捨身にもまして、仏法の国政への浸透、仏教の儒教に対する優位を示す事実がある。それは天監十六年（五一七）、中国の永い伝統を破って、郊社宗廟の祭祀に犠牲を用いることをやめ、蔬果をもってこれに代えるに至ったことである（南史本紀・通鑑梁紀）。これよりさき、殺生戒を重んずる武帝は、太医に勅して生類を以て薬とすることをやめさせ、また朝廷の織官に対して、仙人や鳥獣の模様を織って裁断することは、仁恕の意に背くものがあるから、以後これを禁止するよう命じたことがあった。そしてこれに続いて、去殺の理を含識に及ぼすため、郊廟の犠牲をやめて麵を用いること、ただし山川の諸祀だけは従来通りにすることを、天地宗廟の神に祈告した。元来、宗廟社稷の祭祀には、血の滴る犠牲を供するのが礼であり、左伝にも見えているように、宗廟や社稷が「血食」しないということは、家や国が絶滅することを意味する。事は重大である。天子の捨身にも別段に異論を生じなかった公卿の間にも、さすがに猛烈な反対論が起り、朝野をあげて騒然たる有様となった。けれども帝の意は揺らぐところがない。中に立った諸大臣の評議により、犠牲の代りに大脯、即ち乾物で間に合わせることになり、ひとまず妥協がついたかに見えた。しかし同年十月、再び詔によって大餅を以て大脯に代え、その余は尽く蔬果を用うることに変更し、ここに宗廟の祭祀は全く仏教の精神によって営まれることになった。梁書によると、当時宗廟だけが蔬果を用い、二郊農社にはなお犠牲が用いられていたが、文心彫龍の著者として有名な劉勰《りゅうきょう》の建議によって、これまた蔬果に改められるようになったという（本伝）。宗廟に犠牲を用いることをやめたのは、後に北斉の文宣帝の例があるが、この時は別段の問題を生じなかったようである。かような性質の事柄は、最初の先例を作るということが重大な意味をもつ。陳の諸帝の捨身は、梁の武帝の故事にならい、これを儀式化したものに過ぎない。梁の武帝は、社稷宗廟の祭祀において、いいかえれば儒教が最後の牙城と恃む国家最高の儀式において、仏教の勝利をもたらした最初の人である。武帝が空前絶後の仏教天子とされるのは、まことに故なしとしない。

けれども祭祀の形式は、なお象徴の問題に限定されており、必ずしも政治の実際に関係をもつものとは言えない。それでは政治の実際に対しては、どうであったか。大同十一年（五四五）武帝は従来廃絶されていた贖刑、即ち体刑の代りに罰金刑を用いる制度を復活した。その理由は、体刑が「既に内教慈悲の義に乖《そむ》き、また外教好生の徳を傷く」ところにあるとしている（梁書）。むろん内教は仏教を、外教は儒教を意味するが、内外という表現の問題は暫く別にしても、詔勅の中に仏教の教理を引くということは、まことに異例の事実であると言わざるを得ない。解釈の仕方によっては、この贖刑の復活は、主として仏教の慈悲の精神に従ったものとも見られる。ここに仏教の精神が国家の政治を動かしていた、明らかな一例を見出すことができるわけである。しかし、これは一例に過ぎない。実は武帝の政治そのものが、仏教の精神によって貫かれていたと言えるのではなかろうか。

武帝は稀に見る寛仁の君主として知られている。これは武帝に好感を持たぬ論者でさえ、認めざるを得なかった事実である。その子弟や臣下の不法行為に対しても極めて寛大であって、大抵の場合はその不心得を諭すだけで、刑罰を課することは稀であった。また死刑の執行を聞いては、常に流涕して悲しみ、食事を廃するのが例であったという。陰鬱な空気に包まれた南朝の時代において、ひとり梁朝だけが太平の明るさに恵まれ、そこに南朝文化の黄金時代が現出したことについては、武帝の稀に見る寛仁の政治が、最大の力になっていたことを認めなければならない。しかもその寛仁の政治は、「寛仁」とか「仁慈」といった儒教的な表現によるよりも、「慈悲」という仏教の精神によって営まれていたと見るのが正しいのではあるまいか。もし果してそうだとすれば、武帝の政治は、その最も深い根底において、仏教の精神によって貫かれていたと言えるのである。

中国の歴史において、梁の武帝以外にも、仏教を篤く信仰した天子は決して少くない。けれども、これらの天子は、いかに仏教に傾倒したとしても、その信仰を私生活の範囲に限定し、これを国家の政治にまで推し及ぼそうとはしなかった。梁の武帝も、即位の初期においては、なおその例に従っていたかに見える。しかし、仏教への傾斜が甚だしくなるにつれて、公私の限界を守ることは、ようやく困難になってきた。そして最後には、その国政は仏教の精神によって営まれるという状態になっていた。この寛仁慈悲の政治は、梁代の太平と文化というかたちで結実したのである。

しかしながら、この太平と文化の時代も、それほど永くは続かなかった。侯景という一蛮将の奇襲によって、さすがの仏教王国も、一瞬にして地響きを立てながら崩れて行ったのである。その滅亡は、梁朝の威容にふさわしからぬ、まことに呆気ないほどのものであった。或はその堂々たる外観にも似ず、その内部を何者かによって蝕まれ、一挙に潰え去るほどの空洞を包蔵していたのであろうか。そもそもまた、梁朝を隆盛にみちびいた同じ理由が、同時に梁朝滅亡の理由となったのであろうか。これは根本的に追及しなければならない問題である。

七　梁の滅亡——侯景の乱——

梁朝と北朝との交渉を見ると、その五十年間には大小無数の衝突があり、特に淮水両岸の地は、絶えず争奪の目標になった。けれども南北両軍ともに補給線の制限を受けていたために、決定的な勝敗を見ることはなく、全体を通ずれば互角の形勢にあったといってよい。ところが武帝の晩年に至り、北朝の魏に衰退の色が見え始め、ついに中大通六年（五三四）、東西の両魏に分裂してしまった。この情勢は、梁朝にとって甚だ有利であった。なぜならば敵勢が二分し、しかも互に相争うようになったからである。梁の国運は、いよいよ安泰の度を増したかに見えた。このとき、思いもかけぬ一事件の突発によって、梁朝は得意の絶頂から、一挙にして奈落の底に突き落されることになったのである。

侯景という北魏の将軍は、朔方の人ともいい、或は雁門の人ともいわれ、出身地も判らぬ寒門の人間である。自分でも祖父の名を知らなかったというから、よくよくの微賤の出であろう。若い頃に兵隊になったが、格別弓馬に通ずるというほどでもなかった。ただ謀略に富んでいたところから、北魏末の戦乱に乗じて次第に頭角をあらわし、ついには東魏の覇主高歓の信任を得て、司徒河南大行台の重任を与えられ、十万の兵を帥いて、河南一帯の地を支配するほどになった。そののち高歓が死んで、その子の高澄が覇主の地位を継いだが、高澄は侯景の人柄を信用せず、後顧の息を絶つために、おびきよせて暗殺しようとした。侯景は早くも危険を察して、その誘いに乗らず、却っていままで敵対関係にあった梁に向かって降を乞うことになった。そこで梁の武帝は、百官を集めてその降服の諾否を議せしめたところ、何分にも侯景は無頼漢あがりの人物で信用ができないから、近づけない方がよかろうという議論が圧倒的に多かった。けれども、武帝にしてみれば、侯景を味方にすることは、居ながらにして河南一帯の土地と、十万の兵力とを手に収めることになるのであるから、そう簡単に諦めきれるものではない。このとき帝の側近の寵人朱异《しゅい》は、帝の意を察し、進んで賛意を表明したので、ついに侯景の帰順を受諾することに決定した。

ところが、その直後、侯景の軍は東魏の討伐を受けて動揺し始め、渦陽の一戦に大敗を喫してからは潰滅状態に陥り、寿春に辿りついたときには、馬歩八百人を余すだけという、惨憺たる有様になった。そうなれば、もはや侯景は梁朝にとって利用価値のない人間になってしまったわけである。しかも、もともと梁朝の百官の間でも評判のよくない人物である。この情勢を見た朱异は、急に態度を一変し、侯景を見棄てたばかりでなく、逆に東魏と国交を結ぶことが得策であることを、武帝に進言した。晩年の武帝は、朱异を全面的に信頼し、その政治の全べてを委ねるというかたちであったから、むろんこの進言に従った。これを知った侯景の怒りは一通りではない。有利な時には利用しようとしながら、ひとたび不利と見れば弊履のように見棄てるばかりでなく、あまつさえ敵対の間柄にある東魏と結ぼうとさえする。これが信義の無視でなくて何であろうか。今となっては、もはや東魏に帰順することも許されない。梁朝と東魏との勢力の間に挟まれた侯景は、全くの戦場の孤児となってしまった。かくて侯景は窮鼠却って猫をかむの勢で、ひそかに敗賤の兵を集めて勢力の恢復をまち、一挙に梁都の建康城を奇襲するの計を立て、寿春から南下を始めた。時に太清二年（五四八）八月のことである。

この情報は、むろん梁都建康城にも届いた。けれども侯景の兵力を見くびっていた武帝や朱异は、その叛を聞いても冷笑するだけで、別段の対策さえ立てなかった。これは無理もないことで、このとき侯景の兵力は僅かに一千人に過ぎなかったのである。やがて侯景の軍は揚子江の北岸に達した。南岸は直ちに建康城である。しかし、僅かな兵力で大江を渡り、敵前上陸を試みることは容易なわざではない。特に野戦には長じていても、水戦には慣れていない北軍にとって、渡江作戦は自殺を意味するものであった。侯景軍の北岸到着の情報を受けた朱异も、侯景に渡江の意図なしと判断して、武帝に上奏することさえ怠ったほどであった。事実また、このままの状態では、侯景軍の渡江は実現しないで終っていたことであろう。

ところが、ここに侯景にとっては無上の天祐、梁朝にとっては痛恨窮まりない一事件が生じた。この事件の主役は、ほかならぬ武帝の甥、臨賀王蕭正徳である。臨賀王は武帝の弟臨川王蕭宏の第三子であるが、武帝の在野時代、まだ男の子が生れなかった頃に、請われてその養子になった。その後、武帝が践祚してから、昭明太子が立った。臨賀王はこれを深く恨みとし、かねて粗暴の性質であったところから、乱行の限りを尽すようになった。普通三年に、北魏に逃亡したことがあったが、北魏がこれを礼遇しなかったので、復び梁に帰ってきた。武帝に見えて叩頭して謝罪すると、帝は泣いて諭すだけでこれを赦した。しかし素行は依然として改まらず、しばしば劫盗を働いたり、士女人妻を奪ったりなどして、治下の人民を苦しめることが多かった。丹陽尹に任命されていたとき、たび重なる不行跡によって免官されてから、武帝を怨むこといよいよ深く、ひそかに死士を養い、米粟を集めて、叛乱の機会を待ち受けていた。侯景が僅か一千の兵力で梁都を襲おうと計画したのは、かねて臨賀王と内通するところがあったからである。その計画には十分な成算があった。

侯景が揚子江の北岸に達したという通報を受けた臨賀王は、直ちに大船数十艘を用意し、燃料にする荻を運ぶと称し、ひそかに侯景のもとに送り届けた。これによって侯景は、隠密のうちに対岸の采石に渡ることができた。ここから都の建康城までは、僅かに十里ばかり、完全な奇襲作戦の成功である。しかも都ではまだ何事も知らない。侯景は、「吾がこと成れり」と喜んだ。けれども、この時の侯景の兵力は僅かに兵一千、馬数百匹にしか過ぎなかった。これに対して建康城の兵力は三万を超えていたのであるから、いかに侯景の兵が精鋭であったとしても、このままでは勝負にならなかったはずである。ところが、のちに侯景が語っているように、始め一千に過ぎなかった兵力が、建康城を包囲する頃には、実に十万にふくれあがっていたのである。ここに千軍万馬の間に往来してきた侯景のみが知る秘密があった。侯景は占領地域の奴隷を直ちに解放して厚遇し、これを味方につけた。たとえば朱异《しゅい》の奴を捕えたときにも、これに儀同三司の位につけ、主人の財産を全部与えた。その奴は良馬に乗り、錦袍をつけ、意気揚々として城下に来て、城上にある主人の朱异に向い、「汝は五十年仕官して、やっと中領軍になっただけだが、自分は侯王に仕えて忽ち儀同三司になったぞ」と威張ってみせた。これを伝え聞いた奴隷たちは、先を争って侯景の軍に投じ、わずか三日の間に、千を以て数えるほどになった。しかも侯景は、これらの軍人に厚賞を報いたので、いずれも恩に感じて死力を尽したという（通鑑梁紀）。通鑑の注釈家、元の胡三省も、この間の事情を説明して、「およそ奴になるような人間は、みな不逞の徒ばかりである。それが急に解放されれば、勇躍して喜ぶのは当り前で、しかもその上に金帛まで貰えるとなれば、賊のために死力を尽さざるを得ないではないか。士大夫は平和な時には奴婢を虐待するのが常であるが、これはひとりその身や家を誤るばかりでなく、国事をさえも誤るものである」と述べている。もちろん、侯景十万の兵は、このような奴隷ばかりでなく、むしろ強制的に駆り出された良民の方が多かったであろうが、その戦闘の主力になったのは、やはりこれらの解放奴隷ではなかったかと思われる。もしそうだとすれば、侯景は意識しないうちに、当時の社会機構のもつ弱点をついていたわけである。

やがて侯景の軍は、無人の境を行くように、建康城に迫ってきた。さすがに京師の人々も、始めて事態の重大さに気づいて愕然とし、急いで宣城王蕭大器を都督城内諸軍事として総帥の任に当らせ、都官尚書羊侃《ようがん》を副帥に任命して、守備の陣を布いた。しかし、この時には、早くも侯景の軍は都の入口にあたる朱雀航に達していた。この朱雀航は、また朱雀桁・朱雀橋ともいい、都内を流れる秦淮河にかけられた浮橋で、都の正南門である朱雀門に通ずる。ここを守っていたのは東宮学士で、南朝随一の詩人として知られる庾信《ゆしん》であった。庾信は宮中の文武三千人を帥いて航北に陣を布いていたが、侯景の軍の至るのを見て、浮橋を落し始めた。ふと見ると侯景軍の兵隊はみな顔に鉄面を着けている。とたんに恐しくなった庾信は、そのまま朱雀門の陰に逃げこんだ。侯景の軍は、その跡を追って朱雀門に迫った。庾信の隠れていた門柱に逸れ矢が当ると、手にしていた砂糖きびを思わず取落し、そのまま軍を棄てて逃亡した。この時まで、何食わぬ顔で宣陽門を守っていた臨賀王は、侯景を迎えて合流し、共に宣陽門に入った。かくて侯景は、殆んど抵抗を受けることなく、建康の外城に入ることができたのである。そして直ちに内城、すなわち台城の攻略を始めた。

しかし台城の守りは、さすがに堅固であった。侯景もいろいろ手段を尽して攻撃するが、そのたびに失敗した。最後に、台城の東西に大きな土山を二つ作り、城内を見下して攻撃を始めたが、城内でもこれに対抗して二山を築いて応戦する。初め侯景は台城を簡単に陥れるつもりであったので、民心を得るために、軍律を厳しくし、略奪などを禁じていた。ところが戦闘が長びくにつれて、梁の援軍が集まって来ることを予想しなければならず、そうなれば逃亡者が続出して潰散する恐れがある。もはや非常手段に訴えるほかはない。そこで兵隊の御機嫌を取るために、殺掠の自由を許すこととなった。このため街路は屍骸で埋まり、富室豪家は掠奪のままに委ねられ、子女妻妾は尽く軍営に入るという有様になった。殊に土山を築くようになってからは貴賤の別なく、昼夜を通して働かせ、息つく間もないほど鞭を揮い、疲れ果てて倒れた者は土と一緒に埋めてしまうという非道ぶりであったので、号哭の声、天地を響動する有様となった。

さらに侯景は攻撃の手を緩めず、飛楼・橦車・登城車・登堞車・階道車・火車など、一車で二十輪を具え、高さ数丈もある巨大な戦車を新造し、四方から台城を攻め立てた。まず火車を以て城の東南隅にある大楼に放火したが、城内もさるもの、逆に火を放って悉く戦車を焼いてしまった。さらばとばかり、また土山を築いて城に迫ると、城内からは地下道を掘って、その土山を崩す。もはや策も尽きたかに見えたが、侯景軍に投降した梁の材官将軍宋嶷《そうぎ》の計に従い、玄武湖の水を引いて台城に灌いだので、都街は水浸しになって大波がうつ有様となった。この間に、南岸にあった民家や寺院は尽く焼失してしまった。

かようにして建康城内に死闘が続けられている間に、梁の各地の守備についていた有力な軍隊が続々として都の救援に集まってきた。すなわち司州刺史柳仲礼・邵陵王蕭綸・鄱陽王蕭範・臨城公蕭大連などを始めとする刺史や将軍の大部分が集結し、建康城内にある侯景軍を外側から包囲する体勢を示し、その総勢実に百万と号するほどになった。もしこの大軍が一たび動けば、いかに勇猛を以て鳴る侯景軍とはいえ、衆寡の差あまりにも大きく、しかも腹背に敵を受けることになるのであるから、ひとたまりもなく潰え去ったことであろう。ところが、奇怪至極にも、この百万の援軍は容易に動く気配を見せず、拱手傍観の態度を取り続けたのである。(これが梁の滅亡の最大の原因となったのであるが、その理由については後に述べることにしよう）このため援軍至るの報に蘇生の思いをした台城内の人々も、次第に失望と焦燥の色を見せ始めた。

初め台城に立て籠った者は男女合せて十余万、そのうち武装して戦闘にあたる者の数は三万人であった。朝廷では籠城に備えて男女貴賤の別なく米を負うて運び入れさせ、その量は四十万石に達し、銭帛また五十億万の用意があった。しかし魚塩や燃料、馬の飼料は乏しかったので、籠城が長びくにつれて、尚書省の建物を壊して薪にしたり、寝具の藁をきざんで馬に食わせ、それもなくなると米飯を飼料にする始末となった。軍士も肉食ができないので、鎧の皮を煮たり、鼠や雀を食ったりしていたが、終には殿省の間で馬を屠り、人肉と合わせて食うようになった。しかも侯景の軍が水道に毒を投じたので、腫満の病気が流行し、城中の疫死する大半に及んだ。唯一つの望みは援軍の救いであったが、それも徒らに陣を連ねるだけで、一向に動き出す気配がない。督促のために太極殿の前から紙鴉を飛ばせたが、これも侯景の軍に射落される始末である。城内の人々は、ようやく戦意を失って行った。

一方、食糧に窮することでは、侯景の軍も同様であった。侯景が建康城に攻め入った当初は、石頭にある常平倉の米を食糧としたが、これも間もなく尽きたので、士卒を放って民間の米や金帛子女を掠奪させた。このため占領地域内では米一升が七八万銭に騰貴し、人々相食み、餓死する者十の五六という惨状となった。もっとも東府城には、なお一年を支えるに足るだけの食糧があったが、これは運路を梁の援軍に断たれているために、どうすることもできない。そのうち侯景軍の食糧は、あと一月分を残すのみというところまで追いこまれた。その上、梁の援軍は目下のところ動く気配はないが、いつどのような拍子で動き出すかも知れず、殊に荊州の湘東王蕭繹（元帝）の大軍が到着すれば、それこそ一大事である。ここは暫く偽って和議を請い、その間に東城の米を運び、兵器を修繕するのが得策である、と判断したので、侯景より台城へ和睦の使者を送ることになった。侯景が建康に入城したのは太清二年十月下旬、この和議の提出は翌太清三年（五四九）二月上旬のことで、この間約三個月あまりを経過している。

侯景からの和議を受取った武帝は、容易にこれを許そうとはしなかったが、太子（簡文帝）が城内の窮状を述べて切願したので、ついにこれに従うことになった。けれども、これは結局侯景の謀略に陥ったことになる。侯景は、和議が成立すれば直ちに建康城を去って北帰する約束であったにも拘らず、言を左右にして包囲の体勢を解こうとはしない。しかも和睦を利用して、待望していた東府城の米を運び入れることに成功した。これで食糧の不安はなくなった。おまけに侯景の最も恐れていた湘東王蕭繹（元帝）の大軍は、江上に到着したにも拘らず、和睦の報を受けると、そのまま踵を返して引揚げてしまった。もはや侯景にとって恐るべきものはない。いな、梁の援軍が静観している間に、一刻も早く台城を陥れるのが得策である。かくて和睦してより一個月を経ないのに、二月末日、再び宣戦を布告した。

三月一日、台城の方でも、侯景の違盟を天地に告げ、戦闘を再開した。しかし台城は和睦の期間中も包囲を受けたままであり、兵卒や食糧の補給も出来ていない。食糧、特に野菜がないために、身体が腫れあがり、呼吸困難を訴える者が多い。城中の人口のうち十の八九は死亡し、城の防備に当る者は四千人に満たず、しかも皆疲れきっている。街路の至る所に屍骸が横たわり、爛汁が溝を満たすという状態である。まさに死の街の情景であった。それでも城内の人々は、なお援軍の救いの手に希望を繋いでいたが、援軍の総帥柳仲礼は、妓妾を集めて日夜宴会に耽るばかりである。稀に援軍の一部が侯景軍を出撃することはあったが、衆寡敵せず、そのたびに撃破された。かくて復び総攻撃に移った侯景軍は、石闕前の水を決潰し、百道より城を攻めた。同月十日、ついに侯景は城の西北楼より攻め入り、ここに台城は陥落した。最初の包囲から数えて四個月半、攻撃を再開してより、わずかに十日間に過ぎない。

この時、武帝の座所は文徳殿にあった。永安侯蕭確が急いで座所に入り、落城の報をもたらすと、武帝は安臥したまま動かず、「なお一戦すべきや」と問うた。蕭確がもはや不可能である旨を告げると、帝は始めて「我よりして之を得、我よりして之を失ふ、また何をか恨まんや」と歎息をもらした。やがて侯景の使者が文徳殿に伺候し、侯景の書啓を捧呈した。その要旨は、天子が奸佞の蔽うところとなったため、自分は兵を帥いて入朝した、聖躬を驚かせ奉ったことは申訳なく、宮闕に至って罪を待つ、というのである。武帝は使者に向かい、「いま侯景は何処にいるか。召し寄せるがよい」と命じた。そこで侯景は自衛の士五百人を引連れ、太極殿の東堂に赴いた。殿下に至って地上に拝伏すると、典儀の官がこれを導いて升殿させ、大臣の席につけた。帝はいささかも神色を変えることなく、「卿は軍中にあること久しい、定めて疲れたことであろう」と言葉をかけた。侯景は帝の顔を仰ぎ視ることもできず、ただ満面に汗をたらすのみである。帝はまた、「卿は何れの州の人であるか、妻子はまだ北方にいるのか」と言葉を続けるが、侯景は声が出ず、返答することができない。辛うじて傍にいた従者が侯景に代り、「臣景の妻子は、みな東魏の高氏の屠るところとなり、ただ一身を以て陛下に帰したのでございます」と答えた。さらにまた帝が、「初め江を渡った軍勢はどれほどか」と問うと、さすがに侯景も、ようやく生気を取りもどし、「千人でございました」と答えた。そこで帝が、「台城を囲んだ時は幾人あったか」といえば、「十万人でございます」と答える。「それでは今は幾人になっているか」と問うと、「ただ今、率土の内、すべてが私のものでないものはございません」と言い放った。ようやく持前の強気に帰ったのである。今度は、帝の方が言葉なく、うなだれた。

退出の後、侯景は親近の臣下に向かって、「自分は馬に跨って戦場を往来し、矢刃の下を潜ってきたが、恐しいと思ったことは一度もなかった。ところが今、蕭公に会ってみると、思わず身ぶるいをさせられてしまった。これが天威犯し難しというものであろうか。もう二度と顔を合わせる気がしない」と感慨をもらしたという。このように千軍万馬の猛将を、声さえ出ないほどに震いあがらせたものは、或は武帝という人間ではなくて、天子という位であったかも知れない。無頼の徒から成り上った将軍が、現実の天子を眼前に見て、久しく培われてきた劣等感の虜になるということは、あり得べき事柄である。けれども、この場合においても、武帝の人となりが全く無関係であるとは言えないであろう。その明証を、陳の後主の場合に見出すことができる。陳の後主も、隋の大軍に城を陥れられたが、臣下が梁の武帝の故事にならって殿上に端坐して賊将を待つよう勧めたにも拘らず、二人の貴妃を連れて井戸の中に隠れた。同じ亡国の君主でも、これだけの開きがあったのである。

そこで侯景は、武帝および太子の侍衛を尽く退け、残っていた宮女や調度品を掠奪し、朝士王侯を捕えて永福省に送った。自ら矯詔して丞相・大都督中外諸軍・録尚書事と称し、周辺を取囲んでいた梁の援軍に解散を命令した。援軍の間には多少抵抗するものもあったが、もともと戦意が乏しい上に、詔勅による命令でもあり、しぶしぶながらも包囲の体勢を解いた。これで侯景も、ひとまず危機を脱したかたちである。さらに安固の計を立てるために、再び奥の手を用い、梁地にある北方出身の奴婢の解放を命令し、これを優遇して味方にするよう謀った。その数、万を以て計るほどであったという。他方、戦禍を受けた一般庶民の困窮は、まことに言語に絶するものがあった。当時、都城建康の士民は、太平五十年の生活に馴れて、衣服調度の類は豪華を極めるようになっていたが、食糧の備蓄には関心が薄く、いつも周辺からの輸送に頼っていた。それが一旦にして侯景の乱にあうと、道路が断絶して輸送が行われず、甚だしい食糧難に襲われた。そこで貴戚豪族に至るまで、一家をあげて山野に彷徨し、ひとりばえの穀物は言うに及ばず、草根木葉までも漁りつくし、ついには行倒れとなる始末であった。その家に止まっている者は、羅綺をまとい、金玉に囲まれながら、気息奄々として死を待つ有様であったという。まことに千里烟を絶ち、白骨丘をなすという、凄惨な情景であった。

　武帝は侯景の言いなりにならざるを得ない立場に置かれたが、それでも内心の怒りを押えることができず、事毎に反撥の態度を示した。侯景がその部下の宋子仙を司空に任じようとして裁可を求めた時にも、「三公は陰陽を調和する重任だ、かような人間に勤まる役ではない」と厳しくはねつけた。また侯景が兵士を派して殿中に宿直させた時に、武帝は近侍の臣下に向い、「あれは何者か」と尋ねた。近侍が「あれは侯丞相の甲士でございます」と答えると、帝は大いに怒って、「何が丞相なものか。あれは唯の侯景ではないか」と叱したという。あまりの事に心痛した太子が、武帝に伺候して泣諫すると、帝は「お前は誰に頼まれて来たのか。もし社稷に霊あらば、必ず克服する機会が到来するはずである。もしそうでないにしても、涙を流すことが何の役に立とうぞ」と、いっかな聞き入れる色がなかった。侯景もまた帝の威を恐れ、無理にも要求を通そうとはしなかったが、その代り、帝の要求も聞き入れず、御膳にさえ制限をつける有様であったので、帝も憂憤にたえず、ついに病牀に伏すようになった。同年五月丙辰、武帝は浄居殿に臥していたが、口の苦さを覚えて、蜜を求めたが得られず、「荷荷」という声を二度発したのみで、ついにその生涯を閉じた。行年八十六。聖代の天子の最後としては、あまりにも痛ましいものであった。御陵に葬むるとき、侯景は衛士に命じて要地に大釘を打ちつけさせ、後嗣の絶滅を謀ったという。

その後、間もなく侯景は、江陵に都する元帝（湘東王蕭繹）の派遣した将軍王僧弁によって誅滅せられ、叛乱も一応鎮定されたかに見えたが、それも束の間、今度は元帝自身が西魏の大軍の包囲を受け、ここに梁朝は跡形もなく消滅することになった。梁が亡び、ついで陳が南朝の名目をつぎ、三十年の祚を保ったとはいえ、その文化においても武力においても、もはや梁朝の盛世を再現することはできなかった。その存立は、ひとえに北朝の分裂抗争に幸いされたものに過ぎず、やがて北朝の勢力が統一すれば、その滅亡は時間の問題でしかなかったのである。思えば、侯景の乱によって受けた南朝の傷手は、あまりにも重大であった。侯景の乱は、都城を中心とする三呉の地、南朝貴族の数百年にわたる生活の根拠地の真唯中に発生した。しかもその破壊は徹底的なものであった。顔之推は梁の滅亡を体験した人であるが、その「観我生賦」の自注に、「中原の冠帯、晋に随ひて江を渡るもの百家なりき。故に江東に百譜あり。是に至りて、都に在りしもの覆滅して略《ほと》んど尽きたり」と述べている。この創痍をいやすことは、陳の国力を以てしては到底不可能なことであった。まことに武帝の死は梁朝の滅亡を意味し、梁朝の滅亡は、同時に南朝の終焉を意味するものであったのである。

それでは梁が亡びなければならなかった根本的な原因は何であろうか。このことに関しては、従来史家の間にいろいろな説が行われている。その最も有力なものの一つは、梁朝五十年の太平が文弱の気風を養い、この文弱の精神が梁を亡ぼしたというのである。いまこの説が誤りとは言えないまでも、甚だ不十分なものであることを明らかにしたいと思う。

なるほど、この文弱説を裏づけるような史料は、必ずしも乏しいとは言えない。例えば顔氏家訓の渉務篇の記述などがそれであって、これによると、「梁世の士大夫は衣冠束帯の立派さを競い、高い履物を用いていたので、外出には車や輿に乗り、屋内では人に扶持されて歩むという有様で、城内や近郊では、馬に乗る者は全くなかった。周弘正という人は、宣城王から果下馬という小馬を戴いて、これを乗り廻していたところ、朝廷中から、あいつは物好きなことをやる人間だという評判を立てられる始末であった。尚書郎の身分をもつ者が、もし馬に乗るようなことがあれば、弾劾を受けたほどであった。かような状態であったので、侯景の乱が起った時には、心身ともに柔弱な者が多く、歩行や寒暑に耐えられないので、騒乱のうちに坐死する者が少くなかった。建康令の王復なども、根が上品な人であったので、むろん乗馬の経験もなかったが、あるとき馬が嘶き跳ねまわるのを見て震えあがり、これはまるで虎とそっくりではないか、なぜ馬などと名前を附けたのか、と歎じたという。梁世の風俗は、このようなものであった」と述べている。詩人の庾信《ゆしん》が、侯景軍の兵士たちの鉄面を著けているのを見て逃げ出した話は、前にも述べた通りである。当時、北朝から梁へ帰順していた羊侃《ようがん》が、朝廷の武器庫を検査したところ、物の役に立たぬものばかりであった。これを聞いた武帝は大いに怒って責任者を処罰したが、それでも十分に改まらなかったと見えて、これが梁の敗因の一つになった、という見方もある（南史）。何分にも、梁の興ってより四十七年、国内には太平無事が続いていたので、公卿や士大夫も兵甲を見た者がなく、これが突然に、しかも羌胡雑種の暴れ者ぞろいの侯景軍を迎えたのであるから、その敗北は当然であったとも言えよう（殷不害伝）。

けれども、この文弱亡国説には、一面にだけ片寄っているところがある。それは、顔氏家訓などを始めとして、みな都城内だけの状態を述べていることである。ところが、当時都城にいたものは、公卿朝士といった文人貴族ばかりで、有力な将軍に帥いられた軍隊はみな地方に出払っていた（羊侃伝）。侯景が突如として都城を急襲するといった事態は、全く予想されていなかったのである。そのため庾信のような詩人が、敵の正面に当る要地の守備を命ぜられる始末であって、これでは敗北するのが当り前であろう。しかし、いくら太平の梁朝とはいえ、必ずしも勇将猛卒に欠けていたわけではない。梁朝五十年間には、北朝との間に大小無数の衝突があり、梁の方から積極的な攻勢を取ったことも珍しくないのであって、梁の軍事力が必ずしも北朝のそれに劣るものではなかったことを証明している。もし梁の将軍の全べてが、庾信のような文人貴族ばかりであったとすれば、侯景の乱を待つまでもなく、とくの昔に北朝によって亡ぼされていたであろう。

梁の滅亡の直接の原因は、何としても侯景の奇襲作戦の成功にある。当時、梁の有力な軍隊は、いずれも地方の守備について居り、都城は無防備に近い状態に置かれていた。これは油断といえば油断であるが、しかし都城建康は大江の険に守られているのであるから、普通の条件であれば、千や二千の兵力では、どうすることもできなかったはずである。侯景の奇襲作戦、渡江作戦が成功したのは、ひとえに臨賀王の手引きによったと言わねばならない。最大の敵はほかならぬ宮廷の内に潜んでいたのである。

しかも渡江作戦が成功しただけでは、侯景も台城を陥れることはできなかったであろう。というのは、曲りなりにも朝廷は百余日の籠城をやりとげたからである。これだけの期間があれば、各地から援軍が集まってくるに十分なはずである。事実、一個月のうちに各地の援軍が続々として到着し、侯景軍を外側から十重二十重に取り囲み始めた。その総勢百万と号するのであるから、まさに侯景軍に十倍する兵力であった。これだけの大軍が一挙に動き出せば、いかに侯景軍が暴れ者ぞろいであったとはいえ、ひとたまりもなかったであろう。侯景が一たび和議を乞うたのも、この援軍を恐れたからである。ところが、この大軍は最後まで動きらしい動きを見せず、終始拱手傍観の態度を取り続けた。いわば台城は、味方の大軍環視のうちに、みすみす崩れ去っていったのである。

それでは何故に援軍は台城を見殺しにしたのであろうか。それは援軍の指揮者の間に深刻な不和があり、猜疑の念が相互の行動を牽制していたからである。援軍の将帥の主要なものは、宗室の諸王、即ち武帝の子弟が占めていたのであるが、これが帝位の継承の問題をめぐって、複雑な対立の関係にあった。

話は昭明太子の在世の時代まで溯る。昭明太子は、その晩年において父武帝と感情的な行違いがあった。そのためか昭明太子が薨じた時には、予想されたその子蕭歓の立太子が実現せず、武帝の第三子晋安王蕭綱（簡文帝）が代って太子となった。武帝にしてみれば、皇太孫を立てなかったのは、単に感情的な問題からばかりでなく、当時は天下を統一して間もない頃であり、年少の君主を立ててはならぬという理性的な判断によるものであったが、結果においては子弟の間に深刻な暗闘の種を播いたことになった。というのは、太子に嫡孫を立てるという原則が破られ、庶弟がこれに代るという変則が成立したからである。そうなれば、他の庶弟が納まらない。武帝には八子があったから、庶弟でもよいということになれば、みな同等の権利を持つわけである。かくて武帝の諸子は、太子に対して不遜の心を抱いたばかりでなく、相互に競争者としての意識が強く、疑心暗鬼の虜となった。特に武帝の第六子邵陵王蕭綸、第七子湘東王蕭繹（元帝）は、太子を憎むこと甚だしく、太子もまたこれに対する警戒を怠らなかった。また諸王相互の関係を見ても、湘東王と武陵王、廬陵王と鄱陽王、河東王と湘東王、臨城公蕭大連と永安侯蕭確などの組合わせは、最も険悪な間柄として知られていた。

かような複雑な関係にある諸王が、侯景の難を聞いて都に馳せ集まったのであるが、その心理は甚だ微妙である。第八子の武陵王などに至っては、侯景の難に赴くと称して、実は不在になった湘東王の根拠地の江陵を襲おうとしたので、折角進軍した湘東王は途中で引き帰さざるを得ない破目になった。その湘東王も、部将に命じて米二十万石を建康に送らせたのはよいが、台城陥落の報を聞くと、上流に持ち帰るのは面倒とばかり、その米を全部江中に棄てて引揚げさせた。のち部将王僧弁が侯景の討伐に出発しようとしたとき、湘東王に「もし賊を平げた後に、太子（簡文帝）がまだ御生存の場合には、いかが取計らいましょうや」と問うと、湘東王は「六門の内、兵威を極めるがよい」と答えている。その意味は、太子だけに限らず、台城中に生き残っている者は全部殺してしまえ、というのである（南史蕭棟伝）。これでは敵よりもまず味方を警戒しなければならないということになる。侯景軍を包囲した梁の大軍が、最後まで動かなかったのは、こうした事情があったからである。しかも不和は、諸王の間だけに限らなかった。当時、精鋭を以て鳴る雍司二州の兵を帥いた柳仲礼は、援軍の中でも最も嘱望されていた将軍であるが、邵陵王蕭綸や臨城公蕭大連と仇敵関係にあり、互に油断のできぬ間柄であったために、ついに侯景討平の動きを見せずに終った。かくて台城は見殺しとなって陥り、侯景が詔勅と偽って援軍の解散を命ずると、諸将は唯々としてこれに従った。南史はこの時の情景を述べて、「時に城は淪陥すと雖も、援軍甚だ衆《おお》く、軍士みな力を尽さんと欲す。降るを聞くに及び、歎憤せざるはなかりき」といっている（柳仲礼伝）。事情を知らぬ兵士たちにとっては、梁の敗北ほど、世にも奇怪な出来事はなかったであろう。梁の滅亡は、文弱によるというよりも、実は人の和を得なかったところに、根本的な原因があった。

そして、この人の和を得なかったこと、特に子弟間の和を得なかったということは、結局ふたたび武帝の政治力の問題に帰って来るのである。なぜ武帝は、早くから子弟の教育に意を用い、その配置のよろしきを計っておかなかったのであろうか。しかしこの問題は、それほど簡単ではない。というのは、これは武帝個人の問題というよりも、南朝の伝統に深く根を下した問題であったからである。

南朝の王室は、宋斉以来、いずれも軍人から成り上ったものであるから、当時の貴族社会に確固たる地盤を持っていない。従って、中央の政治においては寒門出身者に実権を委ね、地方の政治においては、宗室の一族を地方官や将軍に任命して、天下の統一を計った。かようにして貴族階級を政治の実権から遠ざけ、自らの政権の安定を謀るのが、南朝の伝統であった。梁の武帝もまた、この南朝政治の伝統を破ることはできなかった。特に昭明太子の歿後、嫡孫を廃して、第三子の晋安王を太子に立ててからは、諸子の不満を緩和するためもあって、これを各地の有力な刺史に任命した。しかし、このように諸王を地方官に任命する方法は、諸王が朝廷に対して忠誠を尽す場合には、甚だ有利に働くことは疑いないが、逆に朝廷に対して従順でなく、或はまた相互に仲の悪い場合には、この上もない危険をもたらすものである。古来、その先例は決して乏しくない。そこで宋斉の君主は、出来るだけ自分の身に近い諸王だけを残し、疎遠な諸王は機会ある毎に殺戮するという方法を採った。そこに南朝特有の恐怖政治が生れる原因があったわけであるが、ともかくこれによって僅かに王室の安泰を計ることができたわけである。

ところが、武帝は稀に見る寛仁の君主である。恐怖政治を布くどころか、子弟に対する監督さえも十分には行われなかった。帝の弟臨川王蕭宏は、たびたび帝に向かって大逆を謀ったことがあるが、武帝はそのたびにこれを赦した。そのため臨川王の非行は、いよいよ募るばかりであった。あるとき臨川王が庫に武器を蓄えて不穏な様子が見えるという情報があったので、武帝は宴会に事寄せて邸を伺ったところが、銭三億余万とその他の財宝が出てきた。これを見て武帝は大いに喜び、「お前の暮し向きは大層立派ではないか」といい、その夜は劇飲して帰ったという。この臨川王の子が、侯景を手引して大江を渡らせた臨賀王蕭正徳である。臨賀王は、ひとたび侯景に推されて帝位に即いたが、やがて利用価値なしとして廃位せられると、いまさらに前非が悔いられて、幽閉中の武帝に目通りし、さめざめと泣いた。これを見た武帝は、「いみじくも泣くものかな。いまさら泣いてみても取り返しのつくことではない」と言ったきりであった。このような寛容大海の如き武帝の態度が、如何なる我がままも許されるという安心感を子弟に与え、その不法を募らせる結果にはならなかったであろうか。武帝の諸子は、昭明太子を始めとして、簡文帝や元帝など、いずれも父に似て文才に恵まれていたが、しかし多くは我がまま者で、従順の性質に欠けるところがある。帝位継承の問題をめぐって暗闘が生じたのは、一つには南朝の政治機構から来る不可避性も考えられるが、この帝の寛容さによることも少くないであろう。この暗闘は、帝の八十六才という稀に見る長寿によって表面化することを押えられていたのであるが、たまたま侯景の乱を機として、端なくも明るみに出たのである。もし武帝が短命に終っていたとすれば、たとえ侯景の乱はなくとも、梁朝は分裂と混乱に陥っていたことであろう。

武帝の寛仁は、ただに子弟の放縦と不和とを招いたばかりではない。一般の士大夫、貴族階級もまた同様の風に走る傾向があった。もともと儒雅を好む武帝は、刑法を尊重する気持がなく、たとえ朝士のうちに罪を犯す者があっても、有司に内命して、法を曲げてもこれを赦すことが多かった。殊に晩年は、ようやく政治に対する熱情を失い、仏教に傾倒することが甚だしくなるにつれて、ますます刑罰を好まず、重罪の裁定を下さなければならぬような場合は、一日鬱々として楽しまないといった風であった。大同十一年（五四五）には一旦中止していた贖罪の法を復活し、翌中大同元年には、父母・祖父母の連坐制を廃止するなど、刑罰の施行は緩やかになる一方となった。そのため、これをよいことにした王侯貴族の横暴は募るばかりで、中には白昼堂々と都街で人を殺す者もあったほどである。或は強盗の一味を自宅にかくまい、それが薄暮とともに往来に出て掠奪を働く例もあり、当時これを「打稽」と呼んでいた。武帝はその弊害を深く知りながらも、これを追及して罪に陥れることができなかった。

このように王侯朝士に対して寛大である反面に、一般の庶民に対しては必ずしも仁慈の政治が行われたとは言えない。武帝が刑法に冷淡であっただけに、その執行の任に当るべき公卿大臣も甚だ無責任であった。そのため下級の官吏が勝手に法律を運用し、気に入らぬ者には重刑を課するかと思えば、賄賂を出す者には手加減をするといった調子で、迷惑を受けるのは一般の庶民である。そのうえ王侯貴人が横暴を許されると、その被害者となるもののもまた庶民であった。つまり寛仁の政治の犠牲者は、民衆そのものにほかならなかったのである。かような有様であったから、かつて帝が南郊に幸したとき、秣陵の老人が帝の前をさえぎり、「陛下の法を為すや、黎庶に急にして、権貴に緩なり」と苦言を呈したことがある（隋書刑法志）。このように親近者だけに限定された仁慈は、いわゆる婦人の仁であって、天下に及ぼす仁ではなかった、と言えるのではあるまいか。

また単に刑罰だけでなく、一般の施政についても、いろいろな問題があった。たとえば部曲の募集に関して不正が行われ、それが僑戸の増加の原因となっていた事実や、また三五の制という隣保組織があって、これが徴兵忌避などの場合に連坐制として働き、民衆の脅威となっていた事実、或はまた台使の制度があって、これは地方官の監察のために台使を派遣するのであるが、この台使が往々にして不正や横暴を恣しいままにし、地方官の方も弱味を隠すために台使に莫大な賄賂を贈るのが例であり、その賄賂の出所は結局民衆への課税に求められるといった事実などがあった（郭祖深伝）。これらの問題は、必ずしも梁朝になって生じたものではなく、宋斉以来持ち越された積弊であったが、いずれにしても武帝の決断を必要とするところが少くなかったのである。然るに武帝は、まさに断ずべきを断じ得なかった。もしこの点を追及するならば、武帝はなるほど仁君ではあったが、しかし遂に明君ではあり得なかった、ということになるのではあるまいか。

古来、梁の武帝を論じたものは少くないが、そのうちでも最も委曲を尽しているのは、唐の李延寿の著わした南史の論である。その大意は、「梁の武帝は、天下に君臨すること久しく、その間、礼楽を興し、儒雅を尊ぶこと甚だ篤いものがあった。南朝以来二百年を越えるが、文物の盛なること、この時代に及ぶものはない。けれども、文と武、徳化と刑罰とは、あたかも水火陰陽の関係にあるものであり、国家を治める場合には、いずれに片寄ってもいけないものである。ところが武帝は、礼教のみを尊重して軍備を忘れ、仏教に溺れて刑典をおろそかにした。このため綱紀立たず、悖逆の萌芽が生れ、ついに子弟の不和から国を亡ぼすに至った。昔から創業の君主のうちで、子弟の配置よろしきを得ず、子孫の代になって国を亡ぼした例はある。しかし梁の武帝のように、自ら創業の君主でありながら、同時に亡国の君主となったような例は見当らない」というのである。その論ずるところは簡略であるけれども、要点の把握の確かさにおいて見るべきものがある。

まことに南史にもいうように、創業の君主にして、同時に亡国の君主となった例は、永い中国の歴史においても、甚だ珍しいことと言わねばならない。創業の君主というものは、乱世に起って天下に統一をもたらすだけあって、尋常凡庸の人物でないのが普通である。従って、その優れた政治的手腕によって基礎づけされた天下は、少くとも二三代は維持されるのが通常の例である。ところが梁の武帝は、創業の天子でありながら、自らその天下を失った。これを、「我よりして之を得、我よりして之を失ふ、また何ぞ恨まんや」（蕭確伝）として済ませておくには、事はあまりに重大である。梁を亡ぼした原因は、武帝の政治のうちに、そして何よりも武帝自らの性格のうちに、潜んでいたものと見なければならない。

ここで復び、武帝の性格として知られる「寛仁」や「仁慈」が、果して如何なる性質のものであったかを、根本的に問題にしなければならないであろう。武帝の寛仁の徳は、梁朝五十年の平和をもたらし、南朝文化の黄金時代を現出するのに、あずかって大いに力があった。陰惨にして険悪な空気に包まれた南朝の時代において、それはあたかも五月の太陽のように、人々に輝やかしい希望を与え、学問芸術の分野に開花をうながすものであった。梁朝文化の隆盛は、この武帝個人の性格を離れては、ついに考えられないといっても過言ではない。けれども、この武帝寛仁の徳は、同時に梁朝を亡国へみちびく悪魔の道でもあった。それは人々を文化の美酒に酔い痴れさせ、ひいては救いがたい放縦と不和とに導くことになったのである。

ここで思い起すのは、孔子の言葉である。現実主義者の孔子は、いかなる美徳も、ただそれだけでは必ず悪徳に転化する危険性があることを警告する。論語に、「恭にして礼なければ則ち労し、慎にして礼なければ則ち葸《おそ》れ、勇にして礼なければ則ち乱れ、直にして礼なければ則ち絞《きび》し」といい、また別の所では、「仁を好めども学を好まざれば、その蔽や愚なり。知を好めども学を好まざればその蔽や蕩なり」とも言っている。礼と学との言いかえはあるが、ともに心の外にあって心を規制するところの、客観的な基準を意味するものである。同じ流れを汲む孟子もまた、「徒善は以て政を為すに足らず」と言い切っている。単なる善意、客観的な基準と方法との裏打ちを欠いた善行は、一国の政治を運営する資格がない、というのである。されぱこそ、「いま仁心仁聞ありて、しかも民はその沢を被らず、後世に法とすべからざるものあるは、先王の道を行はざればなり」という結論も導き出される。孟子のいう先王の道とは、井田法を始めとする一連の経済政策を含むものであった。それは仁心を現実のものとするためには、欠くことのできない客観的な手段であった。

ところが武帝の仁慈には、このような具体性をもった政策の裏づけが欠けていた。これはまさしく孟子の「徒善は以て政を為すに足らず」という格言に背くものではないか。朱子の集注は、この条下に范氏の説を引いて、「梁の武帝は、一日に一度菜食するだけで、宗廟の犠牲には麪を用い、死刑の判決を下すときには必ず涙を流すといった人である。天下の人々は皆その慈仁の心あるを知らない者はなかった。まことに仁聞ありと言うべきである。けれども武帝の末に、江南が大乱に陥ったのは、何故であろうか。それは、仁心仁聞はあったが、先王の道を行わなかったためである」と述べている。たしかに武帝は善意の人であったが、惜しむらくはその善意を具体化する道を知らなかった、というのである。

晩年の武帝は、その生活の原理を、そしてまた政治の原理をも、仏教の精神に求めた。その精神は、仁慈とか寛仁といった儒教的な表現によるよりも、「慈悲」という仏教的な表現による方が、遥かにふさわしい性質のものであった。それでは、仁と慈悲とは、いかなる点で相違するものであるか。このことを問題にすれば、必然的に儒教と仏教との間に横たわる隔たりが問題となってくる。儒教と仏教とを区別する最も根本的な点は、両者のもつ関心の方向が全く異なるところにある。このことは、六朝の仏徒、釈道安などが、つとに明確に意識していた。その「二教論」に述べるところによれば、儒家を始めとする諸子百家の教は、究極するところ、治国修身の術に帰する。これに対して、仏教は窮理尽性、出世入真を目的とする教である。いいかえれば儒教は形を救う道を教えるものであり、その故に外教と呼ばれ、仏教は心を救う道を教えるものであり、その故に内教と呼ばれるのである(広弘明集)。儒教が社会性を重んずる教であるとすれば、仏教は個人の内奥を重んずる教である。このような二教の性格の相異は、同じく人類愛を説く場合においても、おのずから異なった形を取らざるを得ない。仏教の慈悲は、あまねく衆生に及ぼす場合においてさえも、まず個人を通じて、個人を場としてのみ現われる。魂の救いといった問題は、国家や社会と係ることなく、あくまでも人間性の深奥において、個人の内面性において、解決されるべきものだからである。そこには社会性の欠如、もしくは乏しさが、必然的に附きまとう結果になる。これに反して儒教の仁は、徹頭徹尾、社会性を離れてはあり得ない。仁は単なる主観的な心構えを意味するのではなく、その心構えが如何なる手段を通じて実現されるかを問題にする。極言するならば、社会政策の裏づけを欠いた仁は、実は仁ではない。孔子の仁が常に礼と結びつき、孟子の仁政が先王の道と切り離せない関係にあることは、その明証であろう。仏教者としての梁の武帝は、ついに仁の道を棄てて、慈悲の道を選んだ。それは仏弟子蕭衍としては、やむにやまれぬ道であったが、しかし一国の君主としては破滅への道であったのである。

けれども、武帝を破滅に導いたものは、慈悲による政治だけではない。それは表面のあらわれに過ぎないのであって、よって来る淵源は、武帝の仏教信仰そのもののもつ根本的性格にある。仏教の理想とする涅槃寂静の世界は、この現実の俗世界と如何なる通路によって結ばれているのであろうか。そもそも涅槃の境地は、この俗世間の営みと、如何なる係り合いを持つのであろうか。我々は一部の宗教、特にプロテスタンチズムの精神が、日常生活の行動に密接していることを知らされている。同様の意味において、果して仏教の精神はそのまま生活行動の原理となり得るであろうか。我々はまた、仏教の一部に、そうした傾向を備えたものがあることを教えられている。行住坐臥を仏法とする禅宗、宮仕えを法華経と思ぼし召せという日蓮など、恐らくはその一例に過ぎないであろう。けれども同時に我々は、救いの境地と日常の生活行動とが、深淵によって隔てられている例が、必ずしも乏しくないことも知っている。悪人なればこそ往生し得る弥陀の世界は、この善悪相尅の世界と、果してそのままに連続しうるものであろうか。弥陀の世界が望ましいものであればあるだけに、その距離感は一層甚だしいものとなり、不連続による悩みは一層に深いものとなる。欣求浄土のためには、厭離穢土は遂に欠くことのできない条件なのであろうか。そもそも厭世観は、仏教にとって本質的なものであるのか。

すでに述べたように、武帝の仏教信仰の中心は、おしなべての南朝士大夫がそうであったように、三世報応の思想にあった。それは過去の業が現在の生に働きかけ、現世の行為が来世の禍福を決定するという思想である。この場合、現世は来世の因となるものであるが故に、来世の幸福をもたらすためには、現世における行為の正しさが要求される。従ってこの立場では、来世と現世とが、いいかえれば宗教と道徳とが、一応連続の関係にあることが認められる。現世の生活は厭わしいものであるどころか、むしろ来世の幸福をもたらす因として、限りなく尊いものとなる。現世はたとえ穢土であろうとも、この穢土に正しく生きることのみが、浄土に往生することを保証する。この意味では、現世と来世とは密接な連続の関係を保ち、現実と理想との間には断層が存在しないように見える。六朝時代に儒仏一致説が支配的であったのは、このような三世報応説を理論の根拠としていたからである。

しかしながら、この場合に問題になることは、来世の幸福の因となるべき現世の行為が、如何なる内容を持つものであったか、ということである。そもそも正しい行為とは、如何なる行為をさして言うのであろうか。顔之推という人は、この時代においても最も熱心な仏教信者の一人であり、そして同時に儒仏一致論者でもあったが、その著の顔氏家訓において、儒仏の共通点を説いて次のように述べている。「内典の初門に、五種の禁を設く。外典の仁義礼智信は、皆これと符す。仁とは不殺の禁なり。義とは不盗の禁なり。礼とは不邪の禁なり。智とは不酒の禁なり。信とは不妄の禁なり」(帰心篇)。これは儒教の五常を、仏教の五戒にあてはめたものであるが、見逃がすことのできない事実は、これによって儒教道徳のもつ社会性が、跡形もなく拭い去られていることである。仁とは、単に生けるものを殺さぬということであり、義とは盗みを働かぬということに単純化されている。それは個人道徳としては基本的なものであるにしても、そのままでは天下国家を治める道に通ずるものではない。この五戒だけに限らず、そもそも仏教の根本的立場そのものが、社会的無関心のうえに位置づけられているのではないか。家を出で、世を捨てることを道とする仏教にしてみれば、俗世間に関心を持たぬのは当然のことであろう。六朝の儒仏一致論者は、儒教を仏教へ引きよせることによって、知らず識らずのうちに、儒教本来の精神たる経国済民の意欲を喪失していたのである。武帝もまた、その例外ではあり得なかった。後世の史家が、梁の亡国の原因を、武帝の仏教への溺信に求めているのは、必ずしも理由のないことではなかったのである。

それでは、もしかりに武帝が最後まで六朝的な調和人間の立場、玄儒文史のいずれにも偏しない円満な教養人の立場を守り通し、仏教への傾斜を戒めていたとすれば、この南朝の悲劇は避け得たであろうか。答は断じて否である。なるほど六朝人の玄儒文史にわたる豊かな教養、その洗練の極に達したともいえる貴族的教養は、六朝人が或る意味での完成した人間の型であったことを示している。けれども、このようなかたちの教養は、そのままに生活を導いてゆく力としての「精神」となり得るであろうか。教養というものが人間の本質を形成する重要な要素であることには疑いがないにしても、そのままでは「教養を備えている」という一つの状態に過ぎない。もしそれが、単なる状態から脱して、生活を動かしてゆく力に転化した場合に、始めて精神の名にふさわしいものとなるであろう。ところが六朝人の玄儒文史を内容とする教養は、このような力を欠いていたかに見える。六朝人は玄儒の調和を尊重したが、しかし玄学と儒学とは、本質的に方向を異にする思想体系であり、安易に調和を口にすることを許さないはずのものである。それにも拘らず、六朝人はさほどの抵抗を感ずることなく、玄儒の調和一致を説いているのは何故であろうか。実は、彼等は玄儒それぞれのもつ本来の特色を殺し、いわばこれを中性化することによって、その融和を計った、と見るべきである。その結果、儒学はその本来の使命とする経国済民の精神を犠牲にし、玄学もまた本来の面目たる孤高の精神を喪失することになった。このような儒学や玄学を内容とする六朝人の教養が、生活を推し進めてゆく精神としての資格を欠いていることは、もはや言わずして明らかであろう。

この六朝的教養人の破局を、最もあざやかに示しているのは、武帝の第七子湘東王蕭繹、即ち梁の元帝であろう。武帝の諸子は、昭明太子を始め、簡文帝、邵陵王など、いずれも父に似て文才に恵まれていたが、とりわけ元帝は早くより出藍の誉れが高かった。その教養は広く玄儒文史にわたり、数多の著書を残している。その好学を伝える一例として、顔氏家訓に次のような逸話を載せている。帝がまだ十二才の頃、ひどい疥を患って、手足も曲げられぬほどになったが、それでも蚊帳の中に入って蠅を避け、銀甌に盛った美酒を舐めては苦痛を和らげながら、一日に史書二十巻を読破したという。また帝は幼い頃に一眼を失ったので、長じてより後は、左右の臣下に交代で書を読ませ、これを聞くのが例であった。しかもそれは昼夜の別がなく、五人が一更ずつを受けもち、たとえ帝が眠りに入っても読み続けさせ、それが夜明けまで続いた。帝が熟睡して鼾を立てるようになると、臣下も気を許して順序を間違えたり、巻を飛ばすようなことがあったが、そのたびに帝は驚いて目をさまし、臣下を叱りつけたという（南史）。この博学無類の文人天子は、父武帝の死とともに、治下の江陵において帝位につき、梁の国号を継いだ。しかし、それも束の間、江陵はやがて西魏の大軍の重囲に陥った。しかも好学の元帝は、陣中にあっても、なお老子の講論をやめず、百官戎服のままにこれを聴くという有様であった。そのうち戦況はいよいよ不利となり、江陵城はついに陥った。当時、宮中には収蔵天下第一と称せられた古今の図書十四万巻があったが、落城の報を聞くとともに、命じてこれを焚かせてしまった。敵に捕えられたのち、人あってこれを問うと、帝は、「読書万巻、なほ今日あり。故にこれを焚けり」と答えたという（通鑑）。万巻の読書によって得た教養も、一旦危急の場合には役立たず、空しく灰燼に帰すべき運命にあったのである。これはひとり梁の元帝だけの運命ではない。おしなべての南朝的教養人の、ついには行きつくべき道であった。

　同じく破滅に辿りついたとはいえ、武帝の選んだ道は、元帝のそれとは明らかに異なっている。元帝は南朝的教養人の立場を、最後まで忠実に守り通した人である。これに対して武帝は、その最後の段階において、教養人の立場から離脱した。仏教への傾倒がそれであった。そもそも調和とは、本来の個性を失わぬ両極の調和である場合にのみ、始めてその意味をもち得る。経国済民への意欲を欠いた儒学、孤高の精神を失った玄学、そしてその妥協の上に築かれた教養とは、果して何程の価値をもつものであろうか。武帝は、この南朝風教養のぬるま湯の中に、最後まで浸りきることに耐えられなかった。そこに見出した一条の閃光は、ほかならぬ仏教による救いであった。仏教の信仰は、武帝にとって、もはや教養ではなくて、一個の精神であったのである。

　不幸にして武帝の選んだ仏教への道は、およそ現実の国家を導いてゆくには不適当なものであった。それは常に永遠をめざすものであるだけに、現実の処理については教うるところ甚だ乏しい宗教であった。ひたすらに魂の救いを念願とするだけに、政治的現実に対しては甚だ冷淡な教であった。この出世入真の仏法を、天下を治める道として採り上げたものは、中国の歴史において、梁の武帝のほかには見出すことができない。まことに梁の武帝は、王法の代りに仏法を以て天下を治めようとする、中国史上まれに見る大実験を行った人である。不幸にして、その実験は失敗に終った。

およそ人間には、やむにやまれぬ道というものがある。与えられた歴史的環境のもとにおいて、人間の生きる道には、おのずからにして限界がある。この限界のうちにおいて、梁の武帝は、その悲劇的な最後にも拘らず、最もよき人生を生きぬいたと言えるのではあるまいか。

あとがき

梁の武帝は、私の最も好きな人物の一人である。しかし、ここに武帝を取り上げたのは、そのような個人的な好みからばかりでなく、六朝の精神史を語るのに最も適当な人物であると考えたからである。

元来、思想史を専攻すべきはずの私は、いつの間にか精神史の研究に乗り換えた格好になったが、これには私なりの理由がある。中国思想史の専門家は必ずしも乏しいとは言えないが、それに比べると、精神史の分野は、まだまだ開拓が十分でないように思われるからである。

このように言うと、それでは思想と精神との違いはどこにあるか、という疑問が起るかも知れない。これにも私なりの解答をしておきたい思う。私の理解するところでは、精神とは、我々人間の内部にあって、我々の生活を動かしてゆく、一種の力である。これに対して思想は、そういう力を備えている場合もあるが、しかし時には頭の中の構想だけに止まって、身体化されない場合がある。この場合には、思想は生活の推進力であるとは言えず、したがって精神としての資格を欠いていることになる。このような区別は、格別に新しいものではなく、常識の世界でも行われているのであって、精神力という熟語はあるが、思想力といった言葉はあまり聞かれないことからも知られる。

いま一つ、両者の異なる点は、表現の仕方がそれぞれに違うということである。思想は、思想の言葉によって語られるよりほかに、道がない。これに対して精神は、むろん言葉をも重要な表現の手段とするけれども、しかしそれだけには限定されない。精神は、必ずしも言葉という媒介を借らないで、直接に行動となって現われ、あるいは行動の結晶としての事実となって現われる。武士道の精神は、「葉隠れ論語」を通じてのみ知られるのではなくて、個々の武士の行動、或は武家制度といった事実を通じても理解することができよう。このように、普通思想史があまり問題にしない零細で断片的な言葉、思想の言葉になっていない片言隻句や、その人物の行動、さらには歴史的事実を、いわば「解読」することによって、精神史を構成してみようというのである。

私の見るところでは、古来中国人は、思想の言葉で語ることが余り得意でなかったように思われる。というよりも、言葉というものに信用をおかず、言葉を以て語ることを好まなかったように見受けられる。古く易経には、「言は意を尽さず」という言葉がある。易の八卦のシンボルは、そうした言葉では表現し尽し得ないものを表現するという、役割を持っているのであろう。また荘子には、言葉によって伝えられたものは、古人の残した糟粕に過ぎぬ、という思想がある。さらにまた中国仏教のうちでも最も中国的な特色をもつ禅宗は、不立文字を唱える。これまた言葉に対する不信用を示すものである。このような民族の思想史や精神史を跡づける場合に、従来のように思想の言葉によって表現されたものだけを追及しているのでは、思想史そのものの内容が貧弱になってしまう恐れがある。むしろ、そのような思想史が取り残したところに、中国民族本来の思想や精神が隠されているのではないか、という気がする。

この小論は、そうした精神史の一断面を作るために書かれたものではあるが、広言にも似ず、まことに不出来なもので、われながら自信がない。ただ意図するところが右のようなものであったことを理解して戴けるならば、これ以上の幸いはない。

なお梁の武帝については、昭和二十七年三月刊行の「東洋の文化と社会」第二輯に小論を載せたことがあるが、紙数の制約を受けて十分に意を尽すことができなかった。今回のものは、この小論を骨子として、いささか手を加えたものである。

参考文献略

宋　書　梁　沈約撰
南斉書　梁　蕭子顕撰
梁　書　唐　姚思廉撰
陳　書　唐　姚思廉撰
南北史　唐　李延寿撰
隋　書　唐　魏徴・長孫無忌等撰
資治通鑑　宋　司馬光撰
顔氏家訓　北斉　顔之推撰
文心雕龍　梁　劉勰撰
弘明集　梁　僧祐輯
広弘明集　唐　道宣輯

漢魏両晋南北朝仏教史　湯用彤著　民国二十七年刊
支那に於ける仏教と儒教道教　常盤大定著　昭和五年刊

梁の武帝の仏教信仰に就て　山崎宏　齋藤先生古稀祝賀記念論文集
支那仏教に於ける国家意識　横超慧日　東方学報東京第十一冊之三
六朝士大夫の精神　森三樹三郎　大阪大学文学部紀要第三巻
梁の武帝の捨道の非史実性　内藤龍雄　印度学仏教学研究第五巻二号
梁武帝の捨事奉仏について疑う　太田悌蔵　結城教授頌寿記念会論集

南朝世系表

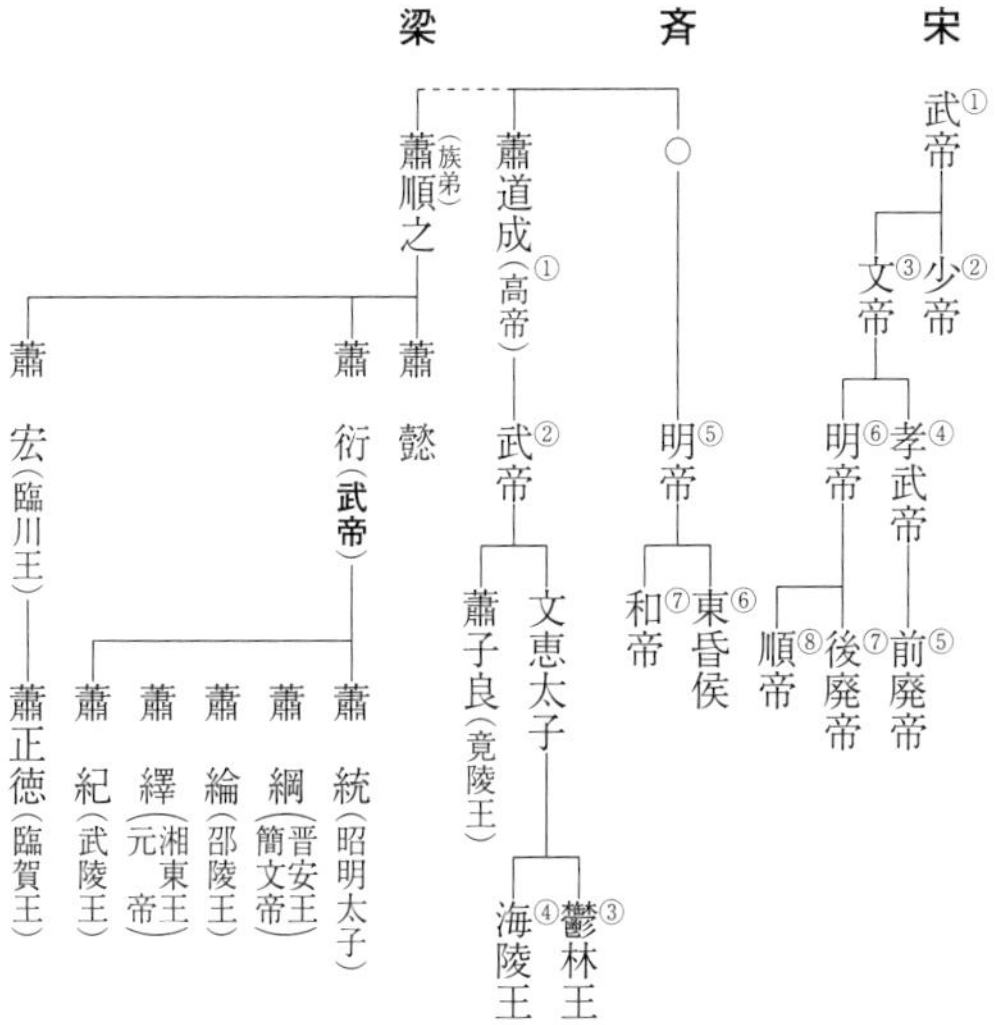
宋
武帝①
少帝②
文帝③
孝武帝④
明帝⑥
前廃帝⑤
後廃帝⑦
順帝⑧
斉
○
蕭道成①(高帝)
明帝⑤
東昏侯⑥
和帝⑦
武帝②
文恵太子
蕭子良(竟陵王)
鬱林王③
海陵王④
梁
蕭順之(族弟)
蕭懿
蕭衍(武帝)
蕭宏(臨川王)
蕭統(昭明太子)
蕭綱(晋安王 簡文帝)
蕭綸(邵陵王)
蕭繹(湘東王 元帝)
蕭紀(武陵王)
蕭正徳(臨賀王)

南朝年表

(西暦)

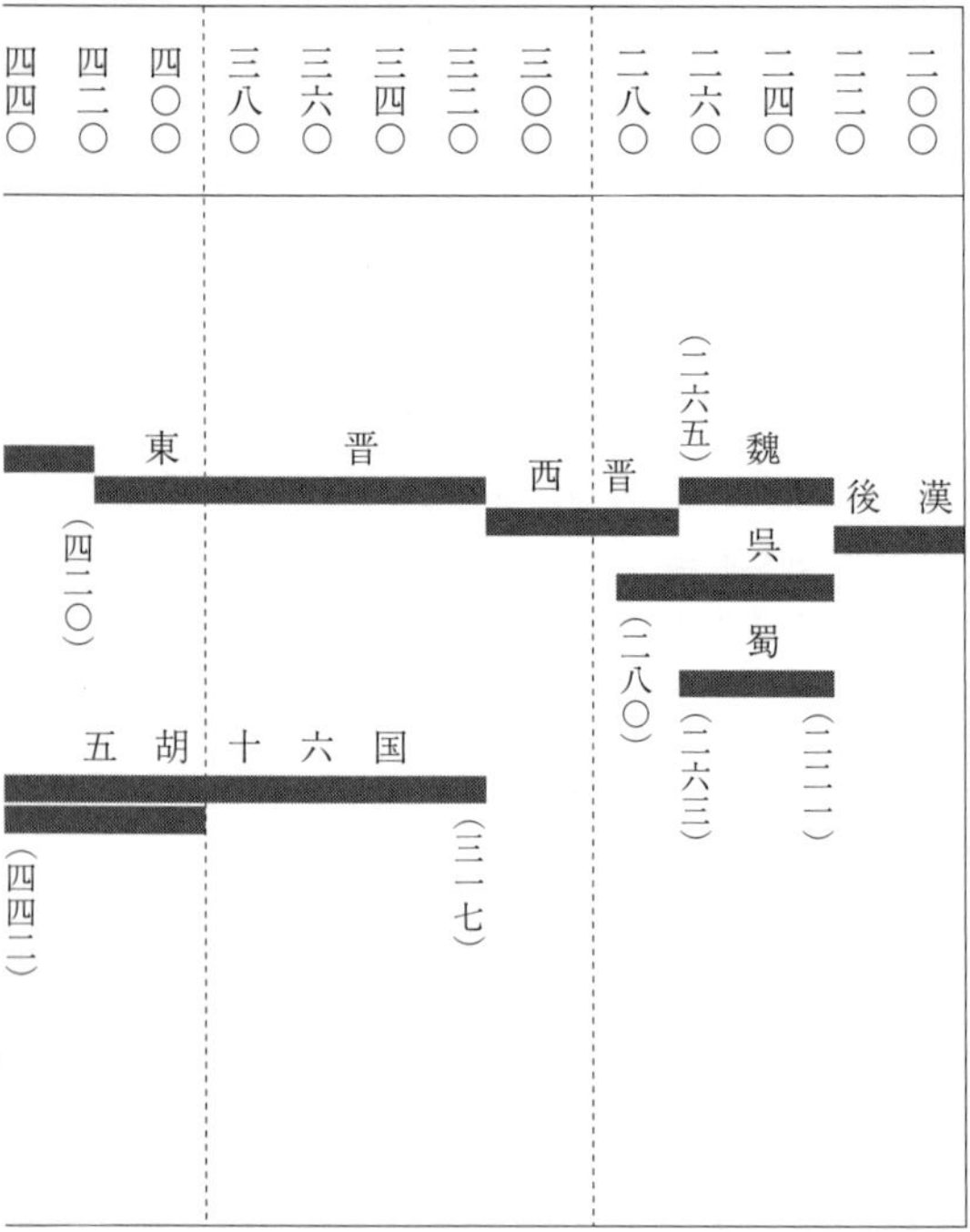
二〇〇
二二〇
二四〇
二六〇
二八〇
三〇〇
三二〇
三四〇
三六〇
三八〇
四〇〇
四二〇
四四〇
後漢
魏
(二六五)
呉
蜀
(二二一)
(二六三)
(二八〇)
西晋
東晋
(三一七)
(四二〇)
五胡十六国
(四四二)

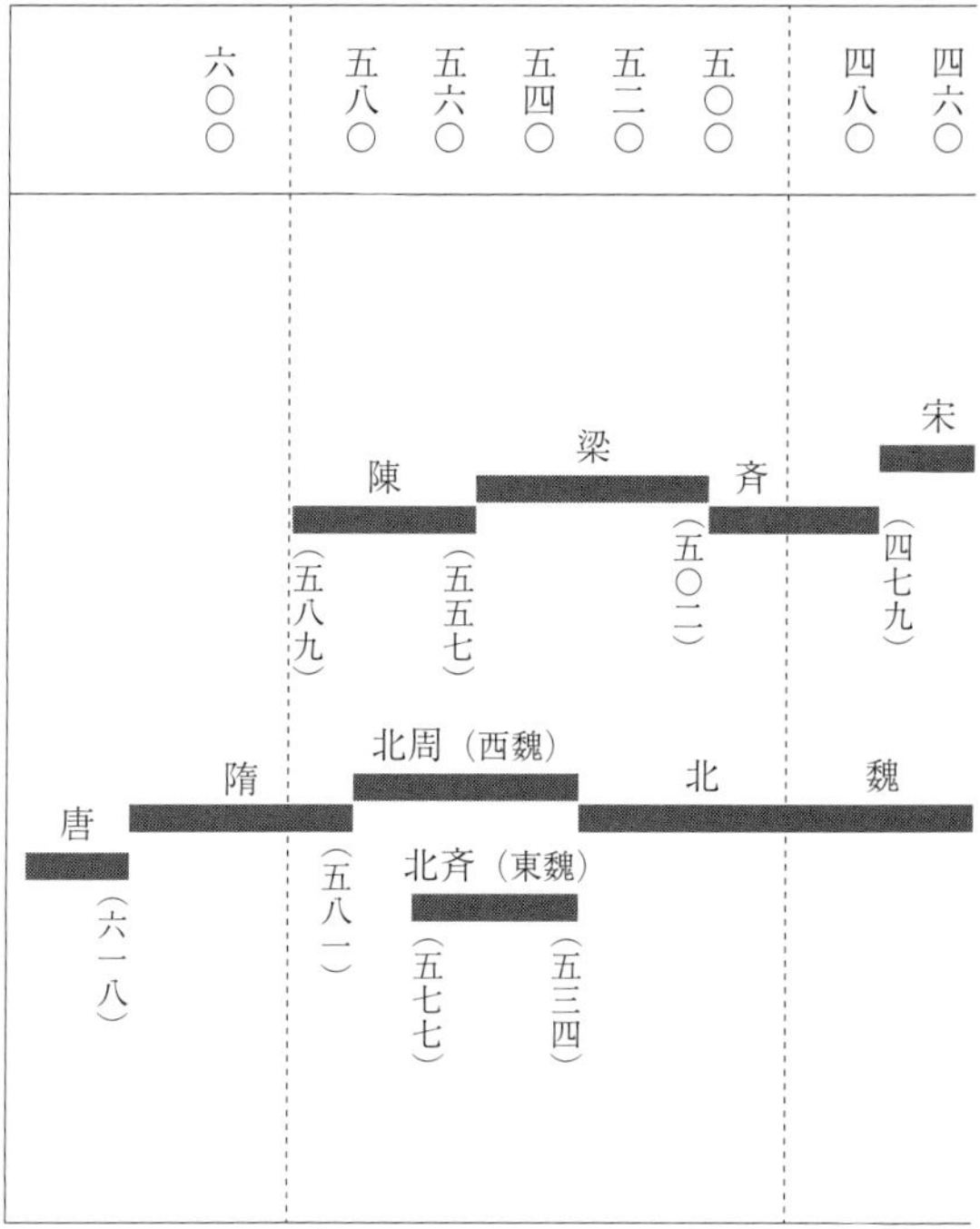

四六〇
四八〇
五〇〇
五二〇
五四〇
五六〇
五八〇
六〇〇
宋
（四七九）
斉
（五〇二）
梁
（五五七）
陳
（五八九）
北魏
北周（西魏）
（五三四）
北斉（東魏）
（五七七）
隋
（五八一）
唐
（六一八）

解説

船山 徹

本書は、中国の南北朝時代の政治史・文化史・宗教史をこれから学ぼうとする入門者だけでなく、一通り学んだ後に、思想史や文化史の大きな枠組みの中から梁の武帝の特徴を知ろうと試みたい人にも勧めたい名著である。

著者の森三樹三郎（一九〇九～八六）は京都府舞鶴市に生まれ、京都帝国大学文学部哲学科支那哲学史を卒業後、一九五〇～七三年まで大阪大学文学部に奉職し、停年退職後も佛教大学で教鞭をとった。一九五四年に「六朝士大夫の精神」（『大阪大学文学部紀要』三）を著し、六朝時代の精神史をまとめた。そしてその二年後の一九五六年、六朝時代全般を視野に入れた本書を刊行し、爾来およそ七十年の長きにわたって読み継がれてきた。著者は一般的な言い方をすれば中国思想史の泰斗であるが、「あとがき」に記すように、自らの立場を精神史の研究と位置づけている。「精神史」は西洋由来の言葉である。著者は狭い意味の中国思想史に収まらない世界的ダイナミズムを意識して「精神史」という言葉を用いているのであろう。

本書の内容を知るには、端的に、本書を通読し再読するのが一番であるが、解説の任を与えられた都合上、二つのことを記そうと思う。始めに本書の特徴をわたくしなりの言葉で整理し素描してから、次に、本書出版後に生じた変化について若干の補足を示したい。

本書は書名からは専ら梁の武帝に特化した内容であるような印象を受けるが、実はそうではない。一読すれば分かるように、本書は中国中世の六朝時代（後漢と隋の間をつなぐ三国呉・東晋・宋・斉・梁・陳の六王朝）の政治と文化を見通しよく概説しながら、梁の武帝の特徴を解きほぐす。広い枠組みの縦糸と緻密な横糸を織り込んだ佳品である。縦糸は、後漢から梁陳に至る政治的動向と「玄儒文史」つまり儒学・玄学（老荘）・文学・史学の四科から成る学術に注目した通史的な論述である。一方、横糸は武帝を中心とする個人やその著作、言動に関する、文献に即した綿密な分析である。その結果、本書は、武帝を時代的な大きな流れの中に置きつつ、武帝の個性を描写するのに成功している。

漢代は、中国の国家組織の基礎を固めた政治の時代であり、国政は儒教を精神的原理とした。政治の力が圧倒的に優位であり、それ以外の哲学・宗教・文学・芸術などが脆弱な、著しく偏向した時代であった。六朝時代が始まると、こうした漢代の政治主義から独立した文学・芸術・宗教が独自の地位を展開し始めた。まず、魏晋の時代には、漢代に政治と緊密に結び付いていた儒教の束縛から解放され、老荘思想のいわゆる「玄学」を柱とする文学と芸術が始まった。魏晋の貴族は、一芸に秀でるより多方面に幅広い知識をそなえる教養人たることに価値をおき、宗教としての仏教が貴族の間に新たにひろまった。こうして政治と儒教を主とする漢の後、文学・芸術・宗教に目を向けた魏晋が始まり、さらに宋・斉を経て、梁が起こった。後の武帝となる蕭衍はこうした時代状況の中で生まれた。

武帝には軍人と文人という二つの面が共存した。蕭衍は軍人の家系に生まれながらも、若い頃に文人として幅広い教養を身に付ける環境にめぐまれた。蕭衍の直前、軍人あがりの皇帝としては南朝斉を建国した太祖蕭道成（四七九〜四八二在位）がいる。蕭衍の父は族弟として蕭道成と交わり、次いで第二代皇帝として世祖武帝が帝位に即くと（四八二〜四九三）、蕭衍は世祖の二子、竟陵王蕭子良（四六〇〜四九四）から多大な影響を受けた。とりわけ蕭子良の西邸で行われた文化サロンを足繁く訪れ、蕭子良の最も親しい「八友」の一人として、当時第一級の文人貴族として認められるまでになった。

為政者としての武帝は、寛容仁慈の君主として知られた。その背後には、極めて強い猜疑心から同族を殺戮し続けた南朝宋斉の政治不信への反省があった。武帝は儒教の経学に対する高い関心を有したが、武帝の儒学重視は漢代のそれとは大きく異なり、儒学の経典である『易』を『老子』『荘子』と合わせて「三玄」と称したことから端的に分かるように、儒学と玄学は相反することなく、相互に接合する教えとして受容された。

梁の武帝を幅広い教養を身に付けた文人と見なす時、武帝の特徴は、仏教に対する信仰と、仏教信仰に基づく政治の実現である。森氏は武帝と仏教の繋がりを第六章で論ずる。著者がとりわけ注目するのは三教調和説——儒教・仏教・道教を共存するものとして認める考え——と、我が身と帝位すら仏寺に喜捨して惜しまない「捨身《しゃしん》」の実践とであった。この極端な布施行を武帝は生涯に三度ないし四度行い、そのたび臣下は仏寺に莫大な金銭を贖って武帝とその帝位を世俗の側に買い戻した。こうした事業は国家財政を逼迫させることとなり、遂に侯景の乱を誘発し、梁朝を破滅に追い込んだ。以上が本書の概略である。

＊＊＊

次に、解説の後半として、本書刊行後に知られるようになった事柄を補っておこう。出版後数十年経過した後から見れば、いかなる良書とて時代的制約を免れることはできない。そこで本書と併せ読むとよいものとして、本書以後に現れた主な研究を示したい。

その前に一箇所、本書の内容について修正案を示しておく。それは、第五章「梁代の文化と武帝の教養」一〇一頁に見られる『陳書』岑之敬伝の原文の解説である。森氏は「まず講者たる岑之敬を講座に登らせ、中書舎人朱异《しゅい》が執経となり、孝経を手にしながら士孝章を読みあげる」と解説する。その原文は「令之敬昇講座、勅中書舎人朱异執孝経、唱士章」である。これを逐語訳するなら、「岑之敬を講座に登らせ、〔武帝は〕中書舎人朱异に『孝経』を手に執って士孝章を読み上げさせた」となろう。森氏が「執経」という語を原文にある術語であるかのように扱うのは不適切である。更に同氏は一〇二頁で『陳書』袁憲伝の一節を用いて「早速袁憲に麈尾《しゅび》を授け、樹義を命じた」と解説するが、その原文は「授之麈尾、令憲樹義」である。これを逐語訳するなら「袁憲に麈尾を授け、袁憲に義（主張）を樹《た》てさせた」であろう。「樹義」は、通常の動詞と目的語を示す二字であり、「樹義」という術語があるわけではないので、その点を修正すべきである。

以上の細かな修正案に続いて、本書出版後の新研究の補足に移ろう。本書第四章「武帝の政治」五二頁は、南朝君子の一般的特性の一つとして、「猜疑心が強く、往々にして大量の殺人を、特に同族の殺戮を行い、陰惨な時代の雰囲気を作り出している」という。宋斉時代の帝室は、自らの帝位を安泰に保つため、そして自らの後に即位する者が自らの子となるようにするため、帝室内の同族殺しを頻繁に行ったのだった。この点をさらに具体的に概説した書として次があるので参照されたい。

川勝義雄『魏晋南北朝』、講談社学術文庫、二〇〇三年。初版は講談社一九七四年。

特に第七章「貴族制社会の変容——五〜六世紀前半の江南」。

一王子が発した「ああ、もう二度と王家には生まれたくない」という叫びを紹介しながら宋斉の同族殺戮を説く概説を併せ読めば読者は事態の悲惨さを更に強く感じるであろう。第七章を補うものとしては同じ川勝義雄『魏晋南北朝』の第八章第一節「侯景の乱」も勧める。さらに詳細な概説単行本として次がある。

吉川忠夫『侯景の乱始末記――南朝貴族社会の命運』、志学社、二〇一九年。初出は中公新書一九七四年。

長らく絶版だった中公新書にかわって志学社から復刊されたことは誠に朗報である。梁の武帝と仏教の関わりについての研究は今や極めて豊富である。本書の公刊後に生じた研究動向の変化が四つある。一は、梁の武帝に関して次の年譜が作成されたことである。

諏訪義純『中国南朝仏教史の研究』、法藏館、一九九七年。特に第一章「梁武帝仏教関係事蹟年譜考」。

これにより武帝と関連の活動年代を正確に押さえて整理しやすくなった。二に、本書第六章一四二頁に触れる梁の僧祐撰『弘明集』の武帝「立神明成仏義記」と唐の道宣撰『広弘明集』の武帝「浄業賦」に全訳が現れ内容が一層分かりやすくなった。

中世思想史研究班・弘明集研究班研究報告『弘明集研究　巻下（訳注篇下）』、京都大学人文科学研究所、一九七五年、非売品、特に「弘明集巻九」と「弘明集巻十」の訳注（四七五～五六五頁）。

吉川忠夫『大乗仏典　中国・日本篇　4弘明集・広弘明集』、中央公論社、一九八八年、特に梁の武帝「浄業の賦、ならびに序」（訳は二七七～二九三頁、注は三九九～四〇一頁）。

とりわけ「浄業賦」は対句と典故を多用する修辞法に富む著作であり、並みの仏教研究者のよくするところでない難文であるので、吉川氏の達意の訳を得たことの喜びは大きい。

三つ目の変化として、武帝が行った「捨身」（一三四頁）の研究が大いに進展した。右掲の諏訪義純『中国南朝仏教史の研究』に収める「梁天監十八年勅写「出家人受菩薩戒法巻第一」について」、「「出家人受菩薩戒法巻第一序一」について——智顗述・灌頂記『菩薩戒義疏』との関連を中心として」、「天台疏の制旨本について」の三章は、敦煌写本を用いて武帝の捨身を直接扱う論考である。このほか、武帝が天監十八年四月八日に受けた大乗の菩薩戒については森氏は触れないが、現在は主なものだけでも以下の研究がある。

ヤノーシュ、アンドレアス（一九九九）「菩薩としての皇帝——梁武帝の菩薩戒の受戒と諸儀礼」Janousch, Andreas, "The Emperor as Bodhisattva: the Bodhisattva Ordination and Ritual Assemblies of Emperor Wu of the Liang Dynasty." In McDeermott, Joseph P. (ed.), *State and Court Ritual in China*, Cambridge University Press, 1999, pp. 112–149.

船山徹『六朝隋唐仏教展開史』、法藏館、二〇一九年、第一篇第一章「梁代の学術仏教」、第二篇第二章「大乗の菩薩戒（概観）」、第三篇第三章「捨身の思想——極端な仏教行為」。

顔尚文『梁武帝』、現代仏学叢書、台北・東大図書公司、一九九九年。

そして研究の展開として最後に言及したいのは、森氏が本書第六章一三一頁で取り上げた天監三年（五〇四）の詔勅「捨事李老道法詔」である。その中で武帝は道教と決別し、仏教のみを信ずる立場を宣言したことを森氏は解説する。その一方で、この詔勅については本書巻末の「参考文献略」に挙げる内藤龍雄・太田悌蔵両氏の研究があり、両氏は「捨事李老道法詔」を唐代に作られた偽作として否定する。しかし不思議なことに森氏は両者の論を参考文献としてあげながらも偽の詔勅であるとはせず、真作であるかの如くに扱っている。これは本書においてほとんど唯一の例外として、不統一な歯切れの悪さを感じる箇所である。この点については、次のものが参考となる新たな資料に目を向けてくれる。

ストリックマン、ミシェール（一九七八）「一道教徒の認める梁武帝の道教弾圧」Michel Strickmann, "A Taoist Confirmation of Liang Wu Ti's Suppression of Taoism," *Journal of the American Oriental Society* 98/4, 1978, pp. 467-475.

道教研究者ストリックマン（一九四二〜九四）は、右に示した内藤・太田両氏の研究を知りながらも、梁の武帝が五〇四年に道教と完全決別し、排斥し始めたわけではないことを、陶弘景（四五六～五三六）の道教書『周氏冥通記』を参照しながら論ずる。梁の武帝にとっての「山中宰相」と言われた陶弘景は、道士でありながら梁の武帝との良好な関係を保った。ストリックマンは五〇四年に武帝が陶弘景を援助し始めたことと、『周氏冥通記』巻一に、陶弘景の弟子の周子良（四九七～五一六）には叔母がいて、道教を禁ずる詔勅が出された五〇四年に結婚後、五一二年には道教の本拠地である茅山に移転したことを挙げる。梁朝が道教徒を冷遇したと言っても五〇四年に一斉かつ完全に排斥されたわけではないと考え、今後更に実態を検討する余地があると論ずる。因みに『周氏冥通記』については、麥谷邦夫・吉川忠夫（共編）『周氏冥通記研究（訳注篇）』、京都大学人文科学研究所、二〇〇三年が出版され、今や全四巻の和訳を誰でも簡単に読める状況となっている（DOI――http://www.zinbun.kyoto-u.ac.jp/wp-content/uploads/2010/03/mingtongji-pub.pdf）。

以上、前半には内容の概略と特徴を、後半には本書を補う諸項目を列ねた。後半の内容とて本書の価値を低めることはなく、むしろ名著に華を添えるべく試みた、今後も読み続けるため行った名著への補足と諒解いただければ幸いである。

（京都大学人文科学研究所教授）

森三樹三郎（もり　みきさぶろう）
1909年京都府に生まれる。京都大学文学部哲学科卒業。大阪大学名誉教授。文学博士。著書に『中国古代神話』（清水弘文堂書房）、『上古より漢代に至る性命観の展開』（創文社）、『「無」の思想』『「名」と「恥」の文化』『神なき時代』『老子・荘子』（ともに講談社）、『老荘と仏教』（法藏館、後に講談社学術文庫）、『中国思想史』（第三文明社）など、訳書に『荘子』（中央公論新社）、『墨子』（筑摩書房）などがある。1986年、逝去。

梁《りょう》の武帝《ぶてい》
仏教《ぶっきょう》王朝《おうちょう》の悲劇《ひげき》

二〇二一年九月一〇日　初版第一刷発行

著　者　森三樹三郎
発行者　西村明高
発行所　株式会社 法藏館
京都市下京区正面通烏丸東入
郵便番号　六〇〇-八一五三
電話　〇七五-三四三-〇〇三〇（編集）
〇七五-三四三-五六五六（営業）

装幀者　熊谷博人
印刷・製本　中村印刷株式会社
©2021 Yoshiaki Taniguchi *Printed in Japan*
ISBN 978-4-8318-2626-8 C1122
乱丁・落丁の場合はお取り替え致します

法藏館文庫既刊より

価格税別

さ-1-1
増補 いざなぎ流 祭文と儀礼
斎藤英喜著
高知県旧物部村に伝わる民間信仰・いざなぎ流。中尾計佐清太夫に密着し、十五年にわたるフィールドワークによってその祭文・神楽・儀礼を解明。
1500円

キ-1-1
老年の豊かさについて
キケロ著
八木誠一
八木綾子訳
老人にはすることがない、体力がない、楽しみがない、死が近い。キケロはこれらの悲観的通念を吹き飛ばす。人々に力を与え、二千年読み継がれてきた名著。
800円

た-1-1
仏性とは何か
高崎直道著
「一切衆生悉有仏性」。はたして、すべての人にほとけになれる本性が具わっているのか。日本仏教に根本的な影響を及ぼした仏性思想を明快に解き明かす。解説＝下田正弘
1200円

さ-2-1
アマテラスの変貌
中世神仏交渉史の視座
佐藤弘夫著
童子・男神・女神へと変貌するアマテラスを手掛かりに中世の民衆が直面していたイデオロギー的呪縛の構造を抉りだし、新たな宗教コスモロジー論の構築を促す。
1200円

て-1-1
正法眼蔵を読む
寺田透著
多数の道元論を世に問い、その思想の核心に迫った著者による「語る言葉（パロール）」と「書く言葉（エクリチュール）」の「講読体書き下ろし」の読解書。解説＝林　好雄
1800円

い-1-1

地獄

石田瑞麿著

古代インドで発祥し、中国を経て、日本へとやってきた「地獄」。その歴史と、対概念として浮上する「極楽」について詳細に論じた恰好の概説書。解説＝末木文美士

1200円

く-1-1

王法と仏法

中世史の構図

黒田俊雄著

強靭な論理力で中世史の構図を一変させ、「武士中心史観」にもとづく中世理解に鋭く修正を迫った黒田史学。その精髄を示す論考を収めた不朽の名著。解説＝平　雅行

1200円

な-1-1

折口信夫の戦後天皇論

中村生雄著

戦後「神」から「人間」となった天皇に、折口信夫はいかなる可能性を見出そうとしていたのか。折口学の深淵へ分け入り、折口理解の新地平を切り拓いた労作。解説＝三浦佑之

1300円

あ-1-1

禅仏教とは何か

秋月龍珉著

仏教の根本義から、臨済宗・曹洞宗の日本禅二大派の思想と実践までを体系的に叙述。難解な内容を、簡潔にわかりやすくあらわした入門書の傑作。解説＝竹村牧男

1100円

ほ-1-1

増補

宗教者ウィトゲンシュタイン

星川啓慈著

ひとつの孤独な魂が、強靭な理性と「神との和解」のはざまで悩みぬく。新発掘の二つの『日記』等をめぐる考察を縦横にもりこんだ、宗教学からの独創的アプローチ！

1000円

ア-1-1・2

評伝　J・G・フレイザー

その生涯と業績　上・下（全二冊）

R・アッカーマン著
小松和彦監修
玉井　暲監訳

大著『金枝篇』で世界に衝撃を与えた人類学者の画期的評伝。研究一筋の風変わりな日常から、出版をめぐる人間模様、悪妻とも評された妻との結婚生活まで。未公開書簡や日記も満載。

各1700円

い-2-1
アニミズム時代　岩田慶治著
森羅万象のなかにカミを経験する。その経験の場とは。アニミズムそしてシンクロニシティ空間論によって自然との共生の方法を説く、岩田アニミズム論の名著。解説＝松本博之
1200円

か-1-1
信長が見た戦国京都　河内将芳著
城塞に囲まれた異貌の都
同時代史料から、「町」が社会集団として成熟していくさまや、戦国京都が辿った激動の軌跡を尋ね、都市民らの視線を通して信長と京都の関係を捉え直した斬新な戦国都市論！
900円

や-1-1
宗教とは何か　八木誠一著
現代思想から宗教へ
理性と言語による現実把握の限界をどう超えるか。ニーチェの生の哲学から実存主義、さらには京都学派の哲学までを総覧し、現代人のための宗教に至る道筋を鮮やかに指し示す。
1300円

つ-1-1・2
平安人物志　角田文衞著
上・下（全二冊）
考古学と文献史学を駆使した角田の博識と推理が冴え渡る、41篇の人物伝。緻密な分析で、平安朝を生きた人々の数奇な生涯を鮮やかに描き出した、歴史的名著。解説＝山田邦和
各1700円

か-2-1
インド人の論理学　桂紹隆著
問答法から帰納法へ
インド人の思考法は、観察から法則を導き出す帰納法的思考であった。事実に基づく論証法がインドでどのように展開したのか。その淵源を仏教の縁起の教えに見出した名著。
1300円

た-2-1
悟りと解脱　玉城康四郎著
宗教と科学の真理について
徹底した禅定実践と学問研鑽によって仏道を求め、かくして到達したブッダの解脱に基づき、一切の枠組みを超えた真理を究明する。稀有の求道者の最後の書。解説＝丘山新
1000円

さ-3-1

ブッダとサンガ
〈初期仏教〉の原像
三枝充悳著

一人のブッダから多くの仏が生まれたのはなぜか。サンガはどのように成立したのか。仏教の根本問題を論旨明快な叙述で解きほぐす、恰好のインド仏教史入門。解説＝丸井　浩

1100円

し-1-1

ポストモダンの新宗教
現代日本の精神状況の底流
島薗進著

一九七〇年代以降に誕生・発展した「新新宗教」の特徴を読み解き、「新新宗教」を日本・世界の宗教状況とリンクさせることで、現代宗教論に一つの展望を与えた画期的試み。

1200円

や-2-1

〈方法〉としての思想史
安丸良夫著

安丸史学が対峙し、目指したものとは——。自身の研究や経験を回顧した論考・時評等を中心に収め、その思想的格闘の軌跡を示した歴史学徒必読の名著。解説＝谷川　穣

1300円

ア-2-1

英国の仏教発見
フィリップ・C・アーモンド著
奥山倫明訳

19世紀の英国人らによる仏教表象を分析し、西洋近代において、仏教が称賛や蔑視を交えながら「創造」されていく過程を、オリエンタリズムと宗教をめぐる観点から解明。

1300円

か-1-2

改訂 祇園祭と戦国京都
河内将芳著

創作物を通じて戦国期の祇園祭に託された「権力に抵抗する民衆の祭」というイメージは実態に合うものなのか。イメージと史実を比較し、中世都市祭礼・祇園祭の実像に迫る。

1000円

ブ-1-1

儀礼と権力　天皇の明治維新
ジョン・ブリーン著

日本の「近代」創出に天皇がはたした身体的役割とは何か。天皇はいかにして「神話の体現者」となったのか。従来とは異なる儀礼論的アプローチから迫ったユニークな試み。

1300円

も-1-1

梁の武帝

仏教王朝の悲劇

森三樹三郎著

皇帝菩薩と呼ばれた武帝の餓死、王朝の滅亡は、仏教溺信が招いた悲劇だったのか。類い稀な皇帝のドラマチックな生涯とその時代の精神を描出した不朽の傑作。解説＝船山　徹

1000円

む-1-1

天平芸術の工房

武者小路穣著

正倉院や東大寺をはじめとする花やかな天平芸術の創造にたずさわった工人たちの盛衰を明らかにしていくなかで、古代国家の文化の形成基盤の全体像を考察。解説＝山岸公基

1200円